世界の歴史は繰り返す

あなたの知らない事は多い

Fumio Taga
多加文男

社

世界の歴史は繰り返す・目次

世界の歴史は繰り返す

あなたの知らない事は多い

はじめに

此の本は、小生が長年あたためて居た持論《じろん》ですが、新たな情報を加えて一冊に纏《まと》めれば、広く世に知られる切っ掛けに成るかも知れないと思い、出版に踏み切る決意をしました。

著作家は、著述に際しては、体験を始め観察・伝承《でんしょう》・事象を含む取材などに精一杯努力する物。小説・記録・論評等のあらゆる作品に於ける〝描写《びょうしゃ》と表現方法〟に工夫《くふう》を凝《こ》らして、読者諸氏に喜んで頂けるよう留意《りゅうい》して居ます。

其れから、ドキュメントに関しては、人一倍の精確を期する可《べ》く頑張って居ます。至極《しごく》当然、斯《か》かる自信が無ければ、世間《せけん》に出せないからです。ノンフィクションは勿論《もちろん》、譬《たと》えフィクションにしても〝誤った理屈〟は許されず、〝正しい判断〟が求められると思います。

亦、作者側としては、読者諸氏が「作者の真意を摑《つか》むことが出来る」人ばかりではないのを念頭に入れて置く必要が有ります。

作者の考えを読者諸氏へ訴《うった》えるのが、小説などの作品なので、健全で正常なる作者ばかりではないことも、読者諸氏は念頭に入れて置く必要も出て来ます。予《かね》てから懸念《けねん》するものは、虚構《きょこう》性が酷《ひど》過ぎる〝大嘘で本当に出たら目《め》な作り話〟が市井《しせい》に紛《まぎ》れ込み、はびこって居る現実です。

外国人作家だけではなく日本人を蔑《さげす》む日本人作家が居るのには呆《あき》れかえるが、日本人を嫌悪《けんお》する外国人は喜んで居る。

此の実社会で活動する人々は、仕事を通じて「社会へ貢献《こうけん》する可《べ》きである」という〝崇《すう》高《こう》なる使命〟を持って居る筈《はず》です。夫《そ》れは、「良い働き方《かた》で励めば励むほど、より早く達成できる」結果と成ります。併《しか》し、世間《せけん》には「夫れを遣《や》る」どころか、むしろ「秩序《ちつじょ》に反抗したり、道徳と常識を全く無視したりする」行動に出る者達が、最近多く見受けられます。其れに依れば、彼らは「程度の差こそ有れ、〝変質者〟に間違《まちが》いはない」のです。情報が伝《つた》わり易《やす》い時代ゆえ、内外のテロを含む事件を知ることが出来ます。僭越《せんえつ》ながら、正しい歴史の〝証人〟として微力《びりょく》ですが些《すこ》しでもお役に立てたならば本《ほん》懐《かい》であると、衷心《ちゅうしん》から願って居《い》ます。

出来る限り、多くの方々に知って頂き度い事柄は、日本人および日本国が直面して居る重大事態に係《かか》わる情報です。赤裸裸《せきらら》な描写に終始しますが、飽《あ》く迄も〝証言〟としての〝批評〟であって、差別発言ではないことを宣誓《せんせい》いたします。

従って本書の主旨は、歴史上で日本に関《かか》わった国々のうち、日本にとっては芳《かんば》しくない点が多過ぎる〝要人達の存在し続けて居る国〟すなわち、チャイナ・コリア及びロシアに就いて、其れらの事実を紹介する事なのです。

中国は古来《こらい》、大陸内で豪族《ごうぞく》の争《あらそ》いが絶《た》えなかった為《ため》に呼称《こしょう》が変わったので、本書では、〝支那〟と表現することにした。

堅《かた》苦しい表現は避《さ》け、平易な文章に努《つと》めました。つい、読みたくなって了うべく。〝ご満足の暁《あかつき》〟は幸甚《こうじん》です。

尚、本章の前に〝予備知識〟として、序章を是非ご熟読され度いと存じます。

何卒、お楽しみくださいますよう。

平成三十年　四月

多　賀　文　男

序　章　知っていただきたい事

知っていただきたい事

大東亜（太平洋）戦争の敗北《はいぼく》に因《よ》る無条件降伏《こうふく》後、
一　戦争前に日本を苛《いじ》めた真相《しんそう》は語らない。
二　身《み》勝手な〝侵略戦争〟であったと為《す》る。
三　日本人はひたすら陳謝《ちんしゃ》・猛省《もうせい》する可《べ》き。

という占領軍の司令《しれい》で、全般に亘《わた》り日本が悪かった様《よう》な認識を、政府経由《けいゆ》で全国民へ〝洗脳〟的に知らされた訳《わけ》である。

以上から、日本社会の通念《つうねん》が〝歪《ゆが》められた物〟に基《もとづ》いて罷《まか》り通って仕舞ったのだ。故《ゆえ》に、多くの日本人が「悪かったのは日本と思い込んで居る」現状に関して、大変無念で仕方が無い。

前述《ぜんじゅつ》の如《ごと》く、簡単《かんたん》に「騙《だま》される」日本人の〝脆《もろ》さ〟を見抜いた上、日本周辺《しゅうへん》のアウトロー国家らが、大嘘を振り翳《かざ》して「中傷や脅迫《きょうはく》を為《し》て来る」始末《しまつ》。

小生の希望は〝中傷や脅迫〟に対しては、堂々と反論し当然の主張を貫《つらぬ》いて欲しいということである。

最も憤慨《ふんがい》して居る事柄

〝世界〟では、日本人および日本国に関《かか》わる事件が多過ぎると痛感して居《お》り、特に其の中で、長年に亘《わた》り小生が憤慨する事柄を、発表することとしました。

何と言っても筆頭は、純粋な日本人なのに、過去乃至《ないし》現在の日本人および日本国を「軽《けい》蔑《べつ》したり罵倒《ばとう》し続ける」人達が居住することです。

然《そ》ういう人達の中には、現実に「日本人および日本国を嫌い、其の日本人を莫迦《ばか》にして居る」ことも知らずに、当該国へ出掛けて要人達に面会を申し出たりしたうえ、〝全くの低姿勢〟で終始するのは、見っともなくて絶対に許せません。

第二に、今迄〝日本が関《かか》わった戦争〟を、知るや知らずや「故意《こい》に悪く仕立てる」人達が存在することです。

ですから、右の如き〝不逞のやから〟が「現実には案外多い」ことを始めとして、彼等が何をねたにして居るかを、克明《こくめい》にさらけ出しました。

然《そ》うして、人間というものは「相互《あいたが》いに争う」ものであることを、此の際に再確認して頂き度く衷心《ちゅうしん》から念願いたします。

外国人には注意しよう

悪くない〝戦前の日本人〟に関して、ひたすら低姿勢の政治家は、「この日本から出て行って貰《もら》い度《た》い」と思う。

次の〝日本に対する背信行為〟は、絶対に許せない。

一　真相を知らないのに〝詫《わ》びの談話《だんわ》〟を発表する。

二　次元の低い中傷《ちゅうしょう》に精を出す韓国へエールを送《おく》る。

三　中国とか韓国へ〝お詫《わ》び行脚《あんぎゃ》の旅〟を遣《や》らかす。

四　戦前の日本人を悪く言う新聞社などへ媚《こび》を売る。

五　全体主義者らや共産主義者らの〝受け〟を狙《ねら》う。

其れから、失望《しつぼう》し呆《あき》れるほどの〝無知な日本人〟を列挙《れっきょ》すると、

一　日本人を嫌い憎んで居る外国人が居ることを知らない。

二　日本人を陥《おとしい》れるのを企《たくら》む外国人が居ることを知らない。

三　謝《あやま》るも「許さない」という外国人の性質を知らない。

四　「日本人は信じ易《やす》い」と言われて居ることを知らない。

国連でも暗躍《あんやく》する国々

国際連合の安全保障理事会は、米・英・仏・露・中の五つの常任理事国と、総会で選挙される十の非常任理事国とで構成され、国際平和安全の維持を任務として居る。

此の常任理事国は、拒否権が認められるが、重大な問題が発生して居る。

其れは、常識と道徳に適《かな》う〝重要な案件〟が提出されても、殆ど可決されないことで、原因が「ロシアと中国が阻害《そがい》して自国に都合《つごう》の悪い事は全《すべ》て拒否権《きょひけん》を行使する」為《ため》である。一国でも反対すれば否決《ひけつ》されるので、理事会の存在意義は薄《うす》れて行くし、存在理由も無意味と化《か》して了《しま》って居る。

国連の加盟国が、増《ふ》え続けて居る現状なのに、常任理事国を増《ふ》やさないのは何故《なぜ》。其れは、次の理由で反対するロシアと中国が、裏面工作を為《し》て居る為《ため》。

一　最も嫌う日本が信任される気配《けはい》が濃厚。

二　拒否権が認められなくなることを懸念《けねん》。

常任理事国の三分の二以上の賛成で、「案件を可決する」のが望ましいので、早急《さっきゅう》に改正する可《べ》きと信じる。

黒人らのボスも大ワル

彼らが、いま所属して居る国々の要人たちは、其の代表に相応《ふさわ》しく〝大変なワル〟なので、其の国々をアウトロー国家と称《しょう》する根拠《こんきょ》である。

不当きわまる事を遣《や》るから各国が甚《はなは》だ迷惑《めいわく》して居るが、被疑《ひぎ》国に対する制裁措置《そち》の国連決議には常に拒否《きょひ》するアウトロー国家ではイスラム国を批難《ひなん》できない。各々《おのおの》の国際的悪事に就《つ》いて総《す》べて黙認《もくにん》する習《なら》わしだし、互《たが》いの犯行に必要な支援と加担《かたん》も遣《や》るならず者ぶりだ。

ロシアは、先進国と言っても〝最低の四等国〟である。

国益《こくえき》ならば手段《しゅだん》選ばず

有史以来、「変質者が夥《おびただ》しい」民族の造って居るのが、アウトロー国家であるが、彼ら

の得意技《とくいぎ》は、

一　社会及び世界の秩序《ちつじょ》を無視することを憚《はばか》らない。
二　〝条約〟に違反したり一方的に破棄《はき》したり為《す》る。
三　憎《にく》んで居る民族と国家を誹謗《ひぼう》・中傷し喧伝《けんでん》する。
四　競《きょう》合国の〝定評が有る製品〟の重要機密を盗む。
五　他国の土地を〝個人名〟で買い占《し》めて行き奪う。
六　他国の住民を手懐《てなづ》けて〝地域や島〟を奪い取る。

ロシアは侵略の習性《しゅうせい》が有り、北海道も欲しいと思う位《くらい》で北方四島は絶対に返さない。

無法国と付き合う国々

北朝鮮の友好国には三種類が在って、

一　無法国とは気付いて居ない。
二　実像は知るが別に構《かま》わない。
三　熟知《じゅくち》するが経済上付き合う。

一のケースは、情報・判断の能力に欠ける。
二のケースは、自国も同じ仲間意識が強い。
三のケースは、国益のため無法国でもよい。

利益に成るなら犯罪者とも付き合う一般世間と同じで、国際社会も変わらないのをまざまざと見せ付けて居る。

「人の本性は悪であり善のように見えるのは偽《いつわ》りなのだ」とする荀子《じゅんし》の性悪説を思い出す。

孔子《こうし》を敬《うやま》わない支那人

論語《ろんご》読みの論語知らず

此の至言《しげん》は、如何《いか》に立派な本を読み理解は為《し》て居ても、夫れを生《い》かして使うことが出来ない、実践《じっせん》しようとも為《し》ない人を指《さ》すが、現実には次の例《れい》も在る。

一　『論語』という書を知らない。

二　聞いて居るけど読み度《た》くない。
三　読んではみたが能《よ》く解らない。
四　些《すこ》し読んだが感銘《かんめい》しない。
五　理解したが遣《や》り度《た》くない。

至言《しげん》が生まれた切っ掛けは、知識として持って居るだけで実践しない人たちの内、特に学者の実像を「指摘《してき》して揶揄《やゆ》した」言葉である。

学者の〝通弊《つうへい》〟から、至言が生まれたのは何とも皮肉《ひにく》な物。

理解も実践《じっせん》も出来ない

東洋人で東アジアの人種とて、支那人と朝鮮人は善良ではない点が際立《きわだ》って居るのだが、最大の根拠《こんきょ》は、支那・春秋時代の学者・思想家であった孔子（前五五一～前四七九）の言行を集録《しゅうろく》した『論語』は、日本へは第十五代応神天皇の時に百済を通して伝来《でんらい》した。

戦前は、漢文という文部省検定の教科書に収録《しゅうろく》されて居たが、卓越《たくえつ》した思想であると思うし、当時の日本人が此の書から大いに感化を受けたと、信じて居る。

斯《か》かる日本と比《くら》べ、偉大な孔子が生まれ活躍した支那では、学校で儒教《じゅきょう》という教科が存在しても、学生は勿論《もちろん》で教師でさえ感化されて居ないのは、軽蔑《けいべつ》せざるを得《え》ない事実である。古来、支那人も住む朝鮮は、支那の影響が大である関係上、儒教の教科には「支那と同様に感化されない」実状であるのも、頷《うなず》ける物である。

素晴《すば》らしい孔子の教えに、支那・朝鮮の両民族が「気付かない許《ばか》りか解らない」事が、結果として両民族の〝不道徳で非常識な国情〟を如実《にょじつ》に物語って居る。

支那人も朝鮮人も精神文化は最低だ。

孔子の嘆《なげ》きは未来永劫《みらいえいごう》

人に愛の気持ちで触《ふ》れずに、相手の立場を全く考えない。
という民族性と世の風潮を嘆《なげ》き、〝仁《じん》（思い遣《や》り）〟を説《と》いた孔子の時代よりも更に悪化して居るのが、現代の支那である
古来《こらい》、同調する朝鮮（南北とも）も、支那に追随《ついずい》する恰好《かっこう》ゆえ低劣《ていれつ》きわまりない。
顔付きなどの肉体は似《に》て居るのだが、お人好《よ》しの日本人と比《くら》べて精神では悪《わる》賢《がしこ》い支那人《チャイニーズ》や朝鮮人《コリアン》とは大分《だいぶ》違う。

支那は、昔から今に至るまで、〝邪悪者《じゃあく》〟が甚《はなは》だ多く見られるのだ。
連日《れんじつ》、支那人の起《お》こす耳障《ざわ》りな事件の報道が、「雲霞《うんか》の如く世界中を襲《おそ》う」のは、〝非法《ひほう》治国《ちこく》の醜悪《しゅうあく》且つ劣等《れっとう》な実態〟を端的《たんてき》に表《あらわ》して居る。

荀子《じゅんし》の頃からの邪悪《じゃあく》性

支那は、大昔《おおむかし》から人口が並外《なみはず》れて多いから、歴代《れきだい》の王たちが〝目的の達成手段〟として、人海《じんかい》戦術を取って来た。そして、富裕《ふゆう》階級は王族を頂点とした〝一握《ひとにぎ》り〟で、夫《そ》のほか九分九厘《くぶくりん》が庶民または貧民であった。

低賃金で使われるのには慣《な》れて居た訳《わけ》であり、扱《こ》き使われる不満で勤勉《きんべん》に程遠い働きぶりで、民族特有の邪悪性《じゃあくせい》をさらけ出して了《しま》う物なり。

いみじくも、支那の戦国時代に『性悪説』を唱《とな》えた思想家：荀子《じゅんし》が、

人の本性《ほんしょう》は悪《あく》であるゆえ善《ぜん》の如《ご》く見えるのは偽《いつわ》りなので礼《れい》を以《もっ》て秩序《ちつじょ》を正す可《べ》し

と説《と》いた。

荀子《じゅんし》より六十年も前に説《と》いた思想家：孟子《もうし》の『性善説』に真っ向から対立したことに成る。

乱世の実態を憂《うれ》えた荀子《じゅんし》が、如何《いか》に力説《りきせつ》しても耳を傾《かたむ》ける所《どころ》か、聞く耳を持たないのが〝支那人の品性《ひんせい》〟を如実《にょじつ》に表して居るのである。


天国では荀子が未《いま》だに嘆《なげ》いて居ることだろう。

調べも為《せ》ずに嘘《うそ》を報告

支那の春秋時代、「死屍《しし》に鞭《むち》打つ」の故事《こじ》を彷彿《ほうふつ》させて了うが、生前の言行が日本に多大なイメージダウンと損害を与えたのは、筆舌《ひつぜつ》に尽《つ》くせないと、故《こ》吉田清治氏を非難し度《た》い。彼と共に、元《もと》は英国の植民地であったセイロンが、独立したスリランカ共和国のクマラスワミ氏の〝反日言行〟も挑戦的《ちょうせんてき》である。

ワルが死ぬとて罵《ののし》る事を控《ひか》える日本人の優《やさ》しさに比《ひ》し、外国人には夫の思い遣《や》りは無い。其処《そこ》で、厳《きび》しく言えば、売国奴《ばいこくど》である〝故《こ》吉田清治氏の作り話〟を持ち出したスリランカのラディカ・クマラスワミ氏に依《よ》って、伝言《でんごん》遊びの如《ごと》く内容が変えられた上、「日本軍人は、朝鮮系少女を性奴隷《せいどれい》扱《あつか》いに為《し》た」と決《き》め付け、世界へ向けて喧伝《けんでん》する事は、誤報と言うよりも悪意を抱《いだ》く中傷《ちゅうしょう》であり、許し難い犯罪なのだ。

名誉欲の強い人は、目立つ業績《ぎょうせき》を挙げる事を望むのが常。クマラスワミ氏も其の例に漏《も》れず、曾《かつ》て国連人権委員会の特別報告官の時、吉田清治氏の大嘘《おおうそ》に跳《と》び付いた。事実ではなく論理的に在り得ない事を見抜けなかった前者は無能だが、嘘吐《つ》きの後者が日本へ大迷惑《めいわく》を掛けた事は、日本人とは思えない極悪人《ごくあくにん》である。

“軍律《ぐんりつ》”が厳格《げんかく》その物

小生の叔父《おじ》が、支那事変から大東亜戦争へ掛け、陸軍中将を仰《おお》せ付かって居たので「帝国陸軍に関する」事柄に就《つ》いては、詳《くわ》しいと自負《じふ》する次第である。

何しろ、軍隊というのは、軍律が恐ろしいほど厳格である為、「政府が決定した」事以外の行動は、全くの不可能であるのだ。

夫《そ》れで、帝国陸軍に於《お》ては、

一　平時：勝つ戦闘訓練に徹《てっ》する。

二　戦時：勝利への戦《たたか》いに徹《てっ》する。

従《した》がって、軍律が超厳格ゆえに、後述通《こうじゅつどお》り〝少女の強制連行は作り話〟である。
乃《すなわ》ち、〝帝国政府の方針〟で、経費の節約が徹底《てってい》されていたから次の如く行《おこな》った。
一　従軍慰安婦は政府認可の公娼《こうしょう》より募集。
二　総理大臣から参謀総長へ指示《しじ》。
三　参謀本部から〝遊廓の総本部〟へ依頼。
四　陸軍省が〝慰安婦の採用試験〟を実施。

嫉妬《しっと》は悪い結果を招《まね》く

左記に就《つ》いて、優越感に浸《ひた》る日本に「嫉妬する」韓国は、中傷に躍起《やっき》である。
一　遠い昔からの文化。
二　世界への貢献度合。
三　良い知名度の高さ。
当該の批難内容は、作り話の大嘘であり、大別すると次の通り。
乃《すなわ》ち、二種類もあり両方とも辻褄《つじつま》が合わない。
一　日本陸軍は十四、五歳の少女達を強制連行して従軍慰安婦にした。
〔嘘の根拠〕　現在は百歳以上の筈が、泣く女性達は八十七、八歳ゆえ政府から動員された処の全く関係の無い〝泣き女《おんな》〟達に違いはない。

二　日本陸軍が強制連行した少女達は、軍人らが代わるがわる強姦したうえ、焼き殺したり〝生き埋め〟にした。

因《よ》って、次の如く

〔嘘の根拠〕皆殺しならば、ひとりも現存しない。

「自《みずか》らの首を絞《し》める」結果を齎《もたら》して仕舞った訳である。

自《みずか》らの首《くび》を絞《し》める結末《けつまつ》

世界では、大東亜（太平洋）戦争の終了前、換言《かんげん》すれば「独立する」前は、〝植民地〟であった国々《くにぐに》というものは、当然に〝後進国〟と呼ばれて居る。其れは、理論的にも、現実的にも。

だから、植民地時代の惨《みじ》めな作り話とか、恥ず可《べ》き大嘘を「わざわざ殊更《ことさら》に持ち出して、哀《あわ》れみを乞《こ》うたり、世間《せけん》に訴《うった》えたりする」行為は、**後進国であるのを決定的に自認するもの**であり、先進国ではなく程遠い存在である事を完全に証明して了《しま》ったのだ。

亦、其の〝批難内容〟が、

一　実に荒唐無稽《こうとうむけい》と言える。

二　余《あま》りにも理不尽極《りふじんきわ》まる。

先進国からは考えられない言動なり。

戦前の〝植民地〟情況

大東亜（太平洋）戦争前の〝アジアの状況〟は、

支配した〝先進国〟	植民地
イギリス	インディア（戦後はパキスタンが分離した） ビルマ（戦後はミャンマーと名乗る） バングラデッシュ セイロン島（戦後はスリランカと名乗る） シンガポール マレイシア
フランス	インドシナ（カンボジア・ラオス・ベトナム）
オランダ	インドネシア
アメリカ	フィリピン
日本	朝鮮（戦後は朝鮮族と韓族が北と南へ別《わか》れた）

右表の如《ごと》く、支配されて居た植民地は、どこも後進国として独立できた訳である。

別《わか》れたのは正解《せいかい》なのに

朝鮮民主主義人民共和国と大韓民国との夫《そ》れぞれが、「統一したい」と今更《いまさら》言い出すのが（実に阿呆《あほ》らしい）と思う理由とは、支配した日本から「独立した」時に北の朝鮮族国家と南の韓族国家へと「別《わか》れなければ良《よ》かった」筈《はず》である。

併《しか》し、小生の〝長年《ながねん》の観察〟と現実に依《よ》れば、後述《こうじゅつ》の通《とお》り。

異《い》民族が「別れた」のは正解である。

一　同じ朝鮮半島の住民でも別《べつ》の民族だ。
二　異《こと》なる民族は思想・品性《ひんせい》が全《まった》く違《ちが》う。
三　世界では争《あらそ》う果《は》ては別れるのが通常。

王政《おうせい》を取る朝鮮族の国

大東亜戦争での〝日本の敗北《はいぼく》〟に依《よ》り、朝鮮半島では北緯三十八度線を境《さかい》にして、一九四八年の八月に南部へ大韓民国が、九月には北部へ朝鮮民主主義人民共和国が、発足《ほっそく》する運《はこ》びと成《な》った。

之《これ》は、戦前から「日本人を心から嫌《きら》うと共に、日本との併合《へいごう》は反対であった」処《ところ》の金一族《キムいちぞく》が、韓族とは違う〝朝鮮族の王国〟を造《つく》った訳《わけ》なのだ。

ところが、漢族や韓族と並んで、大嘘吐《おおうそつ》きである〝朝鮮族の本性〟を、次のように「さらけ出した」のである。

看板《かんばん》に〝いつわり〟有り。

乃《すなわ》ち、「王が独裁を為《し》て居る」のに、『民主主義』を名乗《なの》る許《ばか》りか、人民を苦しめ続けて居る現実は、世界の常識から「大きく外《はず》れた」悪質な行為であり、正常者では「考えられない」異常性が大きい変質者であることを、如実《にょじつ》に表して居る。

先進国と呼ばれるには

二十世紀の頃、〝先進国〟と「誰もが呼んだ」国というものは、
一　古代からの芸術（文学・絵画等）が優《すぐ》れる。
二　道徳と常識とを重《おも》んじる。
三　全国民の生活水準が高い。
四　生命と人権とを保障する。
五　生産手段が発達し続ける。

二十一世紀には、名実共に「先へ進んだ」ため、呼称の条件が厳《きび》しく成った。
一　世界貢献《こうけん》を続けて良《よ》い知名度《ちめいど》を持つ。
二　秩序《ちつじょ》を乱《みだ》さず他国へ迷惑《めいわく》を掛けない。
三　世界平和を脅《おびや》かす言動は為《し》ない。
四　個人・自由・民主の主義を尊《とうと》ぶ。
五　欠点が少しも無い法治国《ほうちこく》である。
六　植民地という後進的歴史が無い。

先進国の誇《ほこ》りは芸術だ

優《すぐ》れた芸術（文学・絵画《かいが》など）は、文明人《ぶんめいじん》には最も重要な文化である。

先《ま》ず、先進国が後進国へ「格《かく》が下《さ》がる」事は絶対に無い。

一　古代《こだい》から、〝優《すぐ》れた芸術〟が存在したという〝歴史の事実〟は永久に変わらない。

二　〝優れた芸術〟を「誇り敬《うやま》い大切にして踏襲《とうしゅう》する」という精神文化が極《きわ》めて高い。

次《つぎ》に、後進国が先進国へ「格《かく》が上《あ》がる」ことは絶対に無い。

一　古代《こだい》から、〝優《すぐ》れた芸術〟が存在しないという〝歴史の事実〟は何等《なんら》変わらない。

二　芸術を尊《とうと》ばないのは精神文化が低い証拠《しょうこ》。

〝軍事〟は最低の文化

国《くに》を挙《あ》げ、軍事を最優先《さいゆうせん》して〝最新兵器〟を造《つく》り出しても、「人間を殺害《さつがい》する」物ゆえ、〝野蛮《やばん》人〟が斧《おの》や槍《やり》などを使《つか》うのとは何等《なんら》変《か》わらない。

「戦《たたか》う」行為とて、当該《とうがい》国の〝目的〟で違《ちが》う点は、

Ａ　一方的に侵略する攻撃《こうげき》。

Ｂ　狙《ねら》われて防衛する迎撃《げいげき》。

一概《いちがい》に、最新兵器を研究・製造するのを非難する訳《わけ》ではなく、Ａの目的で専念《せんねん》する〝要人と国家〟が、「時代おくれの劣等部類なり」と断じるのだ。

乃《すなわ》ち、軍備・戦争に関する行事の一環で、兵力を国外へ誇示《こじ》するのは子供っぽい。

文化でも軍事は矢張り最低である。

正しい認識は必要なり

近頃、人気が有る〝時代劇小説やドラマ〟に、たびたび登場して来るし、本書にも「密接な関連が在る」ところの〝遊廓と娼妓〟に就いて、是非とも〝予備の知識〟を持っていただきたく。

其の〝最大の事由〟は、**作家と脚本家が本当の娼妓と遊廓を知らない。**

其れゆえに、次の結果を招《まね》いて仕舞った。

一　娼妓というのを全く誤解して居る。

二　娼妓を〝奴隷もどき〟に解釈して居る。

三　遊女屋主人と周旋《しゅうせん》人を悪人と思う。

四　性に関する事は総べて嫌いに成る。

五　前文に由《よ》り独身者や性不能者が増《ふ》える。

尚、小生は売春禁止法に反対して居る訳ではないから、念のため。

世間には「何事も勘違いする」人が多いので困った物。

日本の〝遊廓《ゆうかく》〟の歴史

室町《むろまち》時代に、足利幕府が遊女屋を公許《こうきょ》してから繁盛《はんじょう》の一途《いっと》を辿《たど》った。

江戸時代では、一般の町とは区切った地域に遊女屋が集められて、其の一定区画を通称は〝くるわ〟と呼んだ遊廓である。

徳川将軍のお膝元である、日本橋葺屋《ふきや》町の吉原《よしわら》が、ぴか一な遊廓である。

慣行《かんこう》として、黙認されたという私娼地の深川・築地・品川・新宿などのくるわは、〝岡場所〟と呼ばれて来た。また、遊廓は〝いろざと・いろまち・ゆうり（遊里）〟とも称《しょう》する。

江戸八百八町の男どもが、小金《こがね》を貯《た》めて「遊女と遊ぶ」のは、楽しみであったことは紛《まぎ》れもない事実である。

江戸の吉原は毎夜の大賑わいで、四千人の遊女を目指《めざ》し一万人の客が押し掛け不夜城《ふやじょう》を呈《てい》した物。

明治以後、此の地域は正式に貸座敷営業が許可されることに成った。

白拍子《しらびょうし》とは遊女《ゆうじょ》の異称《いしょう》

遊女の出現は古く、平安末期から鎌倉時代を経《へ》て室町初期頃までは、〝白拍子《しらびょうし》〟と称《しょう》されて居り、貴族かせいぜい上級武士が相手であった。白拍子の役目は、**宴《えん》席に於《おい》て男装《だんそう》で歌い乍《なが》ら舞い、別室に於て〝性の営《いとな》み〟に耽《ふけ》る。**

彼《か》の名だたる源義経の愛妾《あいしょう》であった静《しずか》は、京都の白拍子で麗しく歌舞をよくした。鎌倉鶴岡八幡宮の境内に在る舞殿（神楽殿）で、源頼朝と北条政子らを前にして、『義経恋《れん》慕《ぼ》の舞』を歌い舞ったのは、ドラマにもなっている。

室町中期以後には、〝遊女屋〟なるものが現れて、遊女として暮らしを立てて行くことになる。

江戸時代には、〝遊廓〟という一区画のみに遊女屋が集められたため、其の区画内で生活することに成った。

遊女は、普通〝女郎《じょろう》〟と呼ばれたが、さまざまな呼び名が在る。

遊《あそ》び女《め》・遊君《ゆうくん》・娼婦《しょうふ》・売笑婦《ばいしょうふ》・売春婦・娼妓《しょうぎ》

お馴染《なじ》みさんの優越感《ゆうえつかん》

客が呼び遊女が置屋《おきや》から揚屋《あげや》へ出向く、遊廓での間柄では、惚《ほ》れ込んで同じ遊女の許《もと》へ通《かよ》い馴《な》れた客を、〝馴染《なじ》み〟と呼んだ。乃《すなわ》ち、客とのまぐわいを、何度も重《かさ》ねた結果、客と一体感を持つ迄にも成った遊女にとっての大事な客である。

当時の代表的で超一流の吉原では、三度目以上の客でなければ、〝お馴染みさん〟とは呼ばなかったもの。当然、馴染み客ともなれば、女将《おかみ》を始め仲働《なかばたら》き女中らの歓待《かんたい》ぶりこそ際《きわ》立って居て、客としては優越感も最《さい》たるものであったろう。

古今東西男女共《とも》〝合体好《ず》き〟が居て、其のため世界中に遊女屋が存在した。

先輩格《せんぱいかく》である姉《あね》女郎のナンバーワンを〝おいらん（花魁）〟と称したが、くるわの宣伝《せんでん》とも言える〝花魁道中〟は、美しい花魁が盛装して廓《くるわ》中を練《ね》り歩くという華やかな催《もよお》し物《もの》ゆえ、中々の盛況《せいきょう》であったようだ。其の開催日は、

一　江戸吉原：正月または八朔《はっさく》（旧《きゅう》暦八月朔日《ついたち》）

二　京都島原：四月二十一日

嘘書き作家は悪党なり

江戸時代には、奉公人《ほうこうにん》の勤《つと》め口《ぐち》を世話する口入れ屋（桂庵《けいあん》）と言う商《あきな》いが在った。住み込みで働く奉公人でも、男子の丁稚《でっち》は雑役を、女子の仲居《なかい》は料理運びなどの接客サービスを、女中は炊事《すいじ》・洗濯・掃除など家事の手伝いをさせたので、容姿の条件は無かったが、遊女の場合は〝魅力の有る器量よし〟でなければ先ず採用しないため、〝女衒《ぜげん》〟と呼ばれた者たちが、聞き込みを為《し》て動き回り、遊女屋へ希望者を周旋《しゅうせん》する仕事が、昭和時代まで続けられた。

だから、女衒《ぜげん》の任務というものは、遊女希望者と遊女屋との双方《そうほう》が喜ぶ結果と成るように、駆《か》けずり廻った訳であるので、責任は重大であったのだ。

或る作家が、屢々《しばしば》「女衒と遊女屋の女将《おかみ》とを、悪人の見本の如く描《えが》いて居る」が、之《これ》は許せない嘘ゆえ、彼こそワルであると明言《めいげん》して置く。

古来《こらい》、特異体質で「男子と交《まじ》わるのを嫌い拒《こば》む」病的な女子に対しては、一切合切《いっさいがっさい》口入れ屋は敬遠《けいえん》し、取り扱う事はなかったのだ。斯《か》かる女子は、**遊女は無論〝結婚相手〟にも不向きなり。**

少女の勾《かどわ》かしは作り話

悪い噂《うわさ》は隠しても、直ぐ世間《せけん》に知れ渡る物。「悪事千里《あくじせんり》を走る」という。

少女を騙《だま》して連れ去る人さらいは、低級な作り話であり、遊女と成るのを望まない女性を、遊女屋へ周旋することは無かった。

いずれの商家《しょうか》も商売繁盛のためには、〝千客万来〟が店是《たなぜ》であり、遊女屋とて例外ではなかった。故に、次の如き女性が垂涎《すいぜん》の的であった。

一　肌の美しい器量よし。

二　男ごのみの色っぽさ。

三　肉体が発達し乳房が格好いい。

四　処女とて女《おんな》と成るのに憧れて居る。

五　上位の遊女：花魁《おいらん》に成るのが悲願。

六　稼《かせ》ぐには遊女が一番と決《き》めて居る。

男女とも、恋愛の情が深くて、肉欲を強く感じる時の性交を〝目合《まぐわ》い〟と言うが、互いに通じ合う濃《こま》やかな心の籠《こも》った激しくてこってりとした感動的な物と成る。

話を作るにも程が有る

遊廓と娼妓《しょうぎ》の実態を熟知しないのに、嘘《うそ》八百を書くのが居るけれども、揃いも揃い「娼妓を悲劇のヒロインに仕立てる」のは、軽蔑《けいべつ》せざるを得ない。彼らが書きたがる理由を洞察《どうさつ》すれば、読者が悲話《ひわ》を好むため。だからと言って嘘を書くなと言い度《た》い。

真相《しんそう》は、次の如《ごと》き女性は店の評判を落とすので、雇《やと》わなかった。

一　発育不全が酷《ひど》過ぎる。
二　性病に感染して居る。
三　セックスが嫌い。
四　男その者が嫌い。
五　器量《きりょう》が悪過ぎる。
六　男が拒《こば》み度《た》いタイプ。
七　肌に疵《きず》が有り気味が悪い。
八　いわゆる感じが悪い。
九　精神状態がおかしい。

遊女を哀《あわ》れむのは無知《むち》

世間《せけん》には、いろいろな男性とセックスし度《た》いと言う女性が居る。

此のような事実を全然知らない人は、幼稚で世間知《せけんし》らずと言われるのが落《お》ち。

交合《こうごう》を嫌いな遊女は皆無《かいむ》であり、厭《いや》で泣き泣き「客と交わる」遊女は在り得ない。

性に関する情報は知り度《た》くない変人が居るが、まぐわい好《ず》きの女性が居ることを、此の際《さい》に知って欲しい。合体《がったい》は好きで稼《かせ》ぎたかったが、叶《かな》えなかった女性らも居た。

遊廓で、朝鮮系を採用しなかった理由は、
　一　遊びに来た客が呼ばない。
　二　客の嫌《いや》がるタイプである。
　三　可わいさに欠け魅力無し。
　四　江戸情緒の遊廓には向かない。
　五　質《しつ》の悪さで遊女には向かない。
　六　気性《きしょう》が激しく感じが良くない。
故に、朝鮮系女性が望んでも、大金を捨てる店は無かったのだ。

〃セックス〃に就いて

人間を始め、動物の四大重要行為は、
一　睡眠《すいみん》　二　食事　三　運動　四　性交
其れで、一・二・三は〃生きる為の必須行為〃なれど、四は次の目的が有る。
一　最高で極上《ごくじょう》の悦楽《えつらく》。
二　繁殖《はんしょく》（子孫《しそん》の繁栄《はんえい》）。
性交は、合体《がったい》、交接《こうせつ》、交合、交媾《こうこう》、媾合《こうごう》、まぐわい、つるび、交尾《こうび》とも言う。
性交ぎらいは〃人間失格〃。合体できねば〃子孫絶滅〃。
但《ただ》し、人間は次の心掛けが必要と信じる。
一　子供を欲《ほっ》しない場合は不妊《ふにん》処置を取る。
二　〃嬰児《えいじ》〃を絶対に殺害してはならない。

善人とか悪人と言うが

世《よ》の中に、「欠点を見出《い》だす事が出来ず非《ひ》の打ち所《どころ》が無い」様《よう》な〝完璧《かんぺき》の善人〟は居ないほか、「悪辣《あくらつ》で欠点だらけ故《ゆえ》に文句《もんく》を付け度くも成る」如《ごと》き〝全くの悪人〟も存在しない。善人・悪人とも、百％「善ではないし、悪でもない」という事である。

〝善と悪との比率《ひりつ》〟に於《お》いて、どちらが多いか少ないかで、善人と悪人に断定して居る。

夫《そ》の人の考え方と言動に就《つ》き、善良な部分の占《し》める割合が大きいのを善人と呼び、邪悪《じゃあく》な部分の占める割合が大きいのを悪人と呼んで居る。便宜《べんぎ》上、「どちらかに決めたがる」品評擬《もど》きの習性《しゅうせい》が、〝善と悪との占める割合〟に依《よ》って、善人と悪人とに呼び分けて居るのに過ぎない。

〝裏〟と言うと、大概《たいがい》の人は〝悪い方〟に取るのが多いが、小生は此の手の徒輩《とはい》を〝愚人《ぐじん》〟と呼ぶ事に為《し》て居る。だが、世の中には人知れず「隠れた善行を為《し》て居る」人さえ存在するのだ。

第一章　世界に翻弄される日本

海を初《はじ》めに支配した者

世界の大金持《おお》ちと言えば、アラビアの王族であるが、中世（四～十五世紀）でも、ぴか一《いち》で君臨《くんりん》して居たのだ。

七《なな》つの海《うみ》：アラビア海・ペルシア湾・紅海《かい》・地中海・大西洋・ベンガル湾《わん》・南支那海を、初《はじ》めに支配したのは彼らである。

当時は、注文《ちゅうもん》して建造させた帆前船《ほまえせん》を使って、世界の海を荒《あ》らしたもの。たくさん張った帆《ほ》に受ける風力《ふうりょく》を利用し航走《こうそう》するのだが、速《はや》く走らせるためには、号《ごう》令者《れいしゃ》が叩《たた》く木槌《きづち》の音に合わせて、大勢《おおぜい》の奴隷《どれい》が一斉《いっせい》に櫂《かい》を漕《こ》ぐ遣《や》り方を取ったが、其の内に、白人の王族・貴族たちも競《きそ》って、大型の帆船《はんせん》を所有する様《よう》に成って行き、其れを〝いわゆる海賊船《かいぞくせん》〟として、世界の海で使い捲《まく》る結果と成ったのだ。

世界の〝七つの海〟を支配した〝一番手〟は、イギリス人ではなくて〝アラビア人〟なりや。

世界を侵略した英国人《イギリス》

中世の帆船《はんせん》航海時代に、アラビア人に続いてイギリス人が、其の総《す》べての海洋を、十九世紀（一八〇〇年代）に制覇《せいは》した。第二次大戦の起こる前は世界地図が、イギリス領を表《あらわ》すピンクに染《そ》まって居たので、大いに納得《なっとく》したものである。

其れは、カナダを始めオーストラリア・ニュージーランド・インド・アフリカ大陸の一部・ビルマ（現ミャンマー）・セイロン（現スリランカ）など数知れない。

だから、一流先進国に於《お》ては、十九世紀の頃から堂々と侵略・統治を繰《く》り返して、次々と自国の領土へ加えた処の植民地は増《ふ》え続けて行った有り様。

其処《そこ》で、原始的な未開発の人種を猛烈に迫害《はくがい》して来た。

特に、アフリカ大陸の黒色人種たちを、アメリカが先頭を切り「本国へ移送した」のは、奴隷《どれい》として〝無報酬〟で扱《こ》き使う為《ため》であった。

白人が心《しん》から嫌《きら》う黒人に対する酷《ひど》い仕打ちは、現代に於《お》ける人種差別とは水準が違う惨《ざん》酷《こく》さ。

牛馬《ぎゅうば》同様に売買《ばいばい》され主人の私有物《しゆうぶつ》として追い使われ自由を持つ事は不可能だった。

時に海賊《かいぞく》、時には紳士《しんし》

中世の十四世紀（一三〇一～一四〇〇）をピークに、帆船《はんせん》を漕《こ》ぎ廻《まわ》した海賊たちの悪辣《あくらつ》ぶりは、商船などや他国の沿岸《えんがん》地方を襲《おそ》っては財貨《ざいか》を強奪し捲《まく》るという目に余るものがあった。彼らの国籍は、英《イギリス》を始め仏《フランス》・西《スペイン》・蘭《オランダ》で、互いに海戦を為《し》たりして覇《は》を競《きそ》い合った。彼ら自身が所属する国の王族・貴族という支配階級であった。

海賊とは全く知らずに紳士と思い込んで居た。総《す》べてがワルに見える支那人とはど・豪《えら》い違い。白人を崇拝《すうはい》して止《や》まぬ支那人が解《わか》る逸話《いつわ》なり。

嘗《かつ》ては、西欧先進国が悪虐《あくぎゃく》の限《かぎ》りを続けて来たのを、現今《げんこん》の人々は知らない。其れが、爾後《じご》の植民地政策で、全く反省の色を見せずに踏襲《とうしゅう》して行ったことは、今更「強調する」までもない。

白色人種の歴史的〝数々《かずかず》の悪逆《あくぎゃく》ぶり〟に対し喧伝《けんでん》は言うまでもなく非難《ひなん》を一切《いっさい》為《し》ないのは、精神文化の低《ひく》さを象徴《しょうちょう》する白人崇拝《すうはい》の賜物《たまもの》だ。

植民地の原住民は悲惨《ひさん》

二十世紀の前半、植民地政策の成功で全盛《ぜんせい》を誇った一流先進国は、「ずば抜けた」イギリスを筆頭《ひっとう》に、オランダ・フランス・スペイン・ドイツ・アメリカ等。

北米大陸は、十八世紀半ば以前はイギリスの植民地であり、原住民《げんじゅうみん》のアメリカ・インディアンが欧州系の白人に依《よ》り殺害され続けたのは、アメリカの西部劇映画を観た人なら知って居る筈《はず》。併し、大スターのゲイリー・クーパーやジョン・ウエインらを懐《なつ》かしく思えるのは、インディアン側を悪者《わるもの》に仕立てた製作者らの思惑《おもわく》からだ。

所で、イギリスを引き継《つ》いだアメリカは、

一　原住民は抵抗《ていこう》すれば殺す。

二　無報酬《むほうしゅう》の黒人奴隷《どれい》を使う。

(一)　通常は極《きわ》めて冷遇《れいぐう》。

(二)　時には虐待の限り。

(三)　強姦《ごうかん》は不問《ふもん》が多し。

但《ただ》し、南北戦争の後は、若干鎮静化《じゃっかんちんせいか》の方向へ。

帝国主義と植民地政策

〝植民地政策〟とは、十八世紀頃から先進国が帝国主義思想《しそう》で競《きそ》い出《だ》したもので、正《まさ》に切っても切れない関係に有る。

自国経済の安定と発展の為、領土と権益《けんえき》の拡大《かくだい》を図《はか》って未開発《みかいはつ》の国や小国を侵略し住民を服従《ふくじゅう》させて支配する。

新しく自国領とした地域は植民地とし総督《そうとく》を置くほか、本土から移住希望者を呼び先住民の監督・指導に当て、開拓《かいたく》と経済活動を推進《すいしん》する。

帝国主義の全盛《ぜんせい》時代は

今《いま》では、すっかり「紳士《しんし》ぶって居る」処《ところ》の〝イギリスを始めフランス・スペイン・オランダなどの先進国〟というものは、帝国主義思想が全盛《ぜんせい》であった十九世紀（一八〇一～一九〇〇年）の頃には、夫れぞれの王族や貴族たちが〝海賊《かいぞく》〟と成って「世界の海を荒《あ》らす」と共に、侵略行為を働いていた。

海賊船は高価ゆえ王族や貴族でなくば買えぬ物で、現代の盗賊を想像するのは愚《おろ》かしくアラビア王族を考えれば解《わか》る筈《はず》で彼らは七つの海で稼《かせ》いだのだ。海ばかりではなく小国とか低開発の国や民族らを武力と経済力で従《したが》わせて権力《けんりょく》の拡大《かくだい》を図《はか》り続けた。

一九三〇年代では、世界地図が「イギリス領を表《あらわ》す」ピンク色に殆《ほとん》ど染《そ》まって居たのを思い出した。其れは、当時のイギリスが、「最強で最大の侵略国であった」のを物語って居る物。此の〝イギリスの対外方策〟に依《よ》り、次の件《くだ》りを書くことに成ったと述《の》べても、大袈裟《おおげさ》ではない。

悪事で繁栄した先進国

今では、如何《いか》にも善人ぶって居るが、曾《かつ》ては悪行《あくぎょう》の限りを尽《つ》くした国は多い。イギリスを始め、オランダ・フランス・スペイン・ポルトガルなどは、夫れぞれが大きな帆船を繰《く》り出して、様々《さまざま》な悪事を競《きそ》う程であった。

一　他国の商船を襲って荷物の略奪に励む。

二　沿岸地方を襲い略奪を欲しい儘《まま》に為《す》る。

三　他国の海賊船団と大規模な海戦も遣《や》る。
四　植民地獲得競争でも勝利する。
五　新領土で資源を見付けて取り捲《まく》る。
六　領民から〝税〟を取り立てる。
七　蔑視《べっし》する国へ阿片を売って儲《もう》ける。

植民地を無くした先進国は影が薄《うす》い。

急ピッチではびこる奴《やつ》

昔には、〝七つの海〟を我が物顔に振る舞うという勢《いきお》いで、〝五つの大陸〟を制覇《せいは》して来たのに。一九三〇年頃には、世界地図を見るとイギリス領を示《しめ》す処《ところ》のピンクに「世界が染《そ》められて居た」ものだ。

オランダも、イギリスと同様に当時の海軍である海賊たちが、大きな帆船を操《あやつ》ってあくどい限りを尽くしたのである。今のインドネシアは、オランダ領を表すオレンジに染《そ》まって居た様子がありありと。

西欧先進国らが競《きそ》って海賊行為に励《はげ》んだ時は、異常なほど繁栄したが、植民地を無くし

た今は悪辣《あくらつ》な事も出来ないし気力も消失したために皆揃《そろ》って影が薄く成り、善を渋々《しぶしぶ》遣《や》るのが哀《あわ》れ。

〝嘘吐《うそつ》きでずる賢《がしこ》い支那人〟の大嫌いなロシア人は、嘗《かつ》て支那大陸東北部を侵略し君臨《くんりん》して居た事が在るが、今では支那人の方がシベリアへ、丸で雑草の如くはびこり出す有り様に、ロシア人が途方《とほう》に暮《く》れるのは因果応報《いんがおうほう》か。実に、面白《おもしろ》い。

阿片《あへん》で儲《もう》けたイギリス

十九世紀（一八〇〇年代）の中頃、イギリスは清《しん》国の開港都市である処の上海《しゃんはい》に、〝租《そ》界《かい》〟と称する治外法権《ちがいほうけん》の外国人居留地《きょりゅうち》を創設《そうせつ》したが、其処《そこ》を悪用して〝阿片〟を持ち込み、支那人へ「売り捲《まく》った」物。其れで莫大《ばくだい》な利益を得たのである。

夫の煽《あお》りで、中毒に由る死者が続出した為、清王朝が阿片の持ち込みを禁止した。〝阿片の販売禁止措置《そち》〟から、「ぼろ儲《もう》けが出来なく成って了った」イギリス人が、清国に対して〝阿片戦争（一八四〇〜四二年）〟を仕掛けて勝利したのである。

此の暴虐行為に対して、支那人はイギリス人を恨《うら》んでも居ないし憎んでも居ないのは、〝究極《きゅうきょく》の阿呆《あほう》〟と言えるであろう。併《しか》しである。

イギリスを「態《わざ》と口撃《こうげき》しない」理由は、支那人特有の計算がある故。

現今のイギリスが、中国に低《てい》姿勢なのが〝哀愁《あいしゅう》〟を覚える。

一　万事を黙認《もくにん》させる。
二　総《す》べて優位《ゆうい》に立つ。
三　折衝《せっしょう》を有利に導《みちび》く。

戦争と侵略との関係は

〝侵略〟とは定義上、武力に訴《うった》えて他国へ攻め入り、其の主権を侵《おか》して領土と財物《ざいぶつ》を略奪する行為を指《さ》す。

史料や記録が残る時代である〝有史《ゆうし》〟の紀元前五〇〇年頃からの戦争は、総《す》べてが〝激烈な侵略〟であった。前に述《の》べた通り、一八〇〇年（十九世紀）代迄は、双方《そうほう》が残虐《ざんぎゃく》の限りを尽《つ》くすのが当然とされて居たのだ。

だが、二十世紀へ入《はい》ってから、〝侵略は悪事《あくじ》の最《さい》たる物《もの》〟という良心《りょうしん》が芽生《めば》えた事は、人類の〝大いなる進歩《しんぽ》〟と言える。

歴史上で、比較《ひかく》的に近い戦争は、侵略に纏《まつ》わる事柄から起《お》こして居るのを確認したが、政権を奪い取る目的で戦争を遣《や》らかした中国共産党は、劣等《れっとう》者の見本《みほん》であろう。

一　国民党政府軍と共産党八路《はちろ》軍との中華民国の内戦。

二　朝鮮戦争。
三　ベトナム戦争。
四　フォークランド紛争。

未《いま》だに侵略を続ける国

二十一世紀に成った現在、未《いま》だに「侵略を遣《や》り続けて居る」国が在るのは、何《なん》ともおぞましい限り。

其《そ》れで、〝真《しん》の姿〟から目を逸《そ》らさせ、世人《せじん》を「欺《あざむ》いて身を守る」手段《しゅだん》である処《ところ》の〝隠《かく》れ蓑《みの》〟とも言う可《べ》き、次の遣《や》り方は、許せる物ではない。

一　真相《しんそう》は侵略ではない日本を態《わざ》と派手《はで》に批難《ひなん》を為捲《しまく》る。
二　捏造《ねつぞう》した〝南京大虐殺〟という嘘《うそ》を殊更《ことさら》に強調する。
三　東洋人でも中華民族は断《だん》トツに素敵な事を主張《しゅちょう》する。
四　南北の朝鮮が「日本を喧《けん》伝する」総《す》べてに同調する。

中国の〝強《したた》かな野望《やぼう》〟とは、
一　米国を超《こ》える大国と評《ひょう》される。
二　アジア延《ひ》いては世界を牛耳《ぎゅうじ》る。

三　中国人は世界一だと言われる。
四　日本を〝手下《てした》の属国《ぞっこく》〟に扱《あつか》う。
五　地・空・海の広大な領域を増《ふ》やす。
六　農・畜・海の産物や地下の資源を独占《どくせん》。
七　新領域で航空機や艦船を自由に航行させる。
八　新領域を侵犯《しんぱん》した他国の航空機や艦船を撃墜・撃沈する。
九　世界最大の軍隊を強化する。
十　世界中へ中国人を派遣して着々と制覇《せいは》を目指《めざ》す。
十一　各国へ高利でかねを貸すため払えなくなる国から「港《みなと》などを自由に使用できる」よう企《たくら》む。
十二　他国の建設事業を請負《うけお》っても現地人は一切《いっさい》使わずに中国人を派遣。

唯《ただ》、虐《しいた》げられて居る庶民《しょみん》とは係《かか》わりの無い話なので悪《あ》しからず。

東支那海の〝日本領海〟すれすれの海域で〝石油採掘《さいくつ》〟を為捲《しまく》って居る。

南支那海の〝珊瑚礁《さんごしょう》の浅瀬《あさせ》〟を土砂《どしゃ》で埋め立てて〝人工島〟を造り捲り〝空港などの軍事施設〟を建設する。

之《これ》を、要人《ようじん》らが読んだら、ぐうの音《ね》も出ないと思うが。

両民族ともに争《あらそ》い好《ず》き

高等動物は争う物だが人類は更に高等だから戦って殺し合わずとも解決する術《すべ》を持つ筈《はず》だ。

先進国は実現できたが後進国は未だ出来ない。

特に南北朝鮮と中国はあくどくてたちが悪い。

其の〝ぶざまな実態《じったい》〟を紹介《しょうかい》すれば、

一　朝鮮民族

日本の敗戦により、一九四八年に半島は北緯三十八度線を境《さかい》にして、南部には大韓民国を北部には朝鮮民主主義人民共和国を造《つく》り、二つに分《わ》かれた。

此の民族は、有史以来ずっと争い続けて来た歴史を持ち、平和であったのは、日韓併合《へいごう》の時だけというのも、何と皮肉《ひにく》ではないか。

其の習性《しゅうせい》から、日本人と別れたら「待ってました」と許《ばか》りに、二つの国へ離ればなれに成る事が出来。然《そ》して間も無く、戦争を起こして殺し合った次第で、全く以て軽蔑《けいべつ》し度《た》く成っても仕方が無いだろう。

二　中華民族

一九三〇年代から、中華民国の国民党政府軍と共産党八路《はちろ》軍とが醜《みにく》く戦い続けていたが、日本が米国に負けたため、中華民族同士の戦いは激しさを増す始末《しまつ》。挙《あ》げ句の果《は》ては、政府軍が台湾へ逃げ込んだので、一先《ひとま》ず八路軍の勝ちということに成った。其れで、全体主義体制の中華人民共和国を名乗るという、〝一国の奪い取り〟を「遣《や》って退《の》けた」のだ。

領土が広くて人口が多いと、大国と言うが党を最重視し、党益の為なら民を蔑《ないがし》ろにし、国連法規を守らず動議でも不利では拒否《きょひ》して葬《ほうむ》ったり、軍事を優先して大金を使い捲《まく》るため国を捨てて他国へ移住する者が続出するほどで、精神文化が最低の後進国だ。

中国は、世界へ貢献《こうけん》する所《どころ》か、悪事に励《はげ》むのが目立つという四等国である。

ワルの華僑《かきょう》とユダヤ人

〝悪賢《わるがしこ》さ〟に掛けては、外国に住む支那の商人：華僑と並ぶユダヤ人である。夫れゆえ、世界から嫌われて〝国土も無い流浪《るろう》の民〟であった時代が長かったのだ。

此のユダヤ人は、昔から〝商《あきな》い〟では太刀《たち》打ちが出来ない程、世界の各地で繁栄を続けて居り、特に指摘したいのは「アメリカ社会を牛耳《ぎゅうじ》って居る」事実である。かの有名なるライフル協会は、陰《かげ》のアメリカ政府と言われる位《くらい》だ。

世《よ》の中には、商《あきな》いとか商人を「忌《い》み嫌う」人が居るもので、其の見本のようなのがヒトラーと言えよう。だから、彼は「商売で儲《もう》けるのは人を騙《だま》して居る」と悉《ことごと》く悪く取ったのである。夫の流れから、商《あきな》いの巧《たく》みなユダヤ人を心底《しんてい》から嫌った。

一九三〇年代のドイツで、ヒトラーを党首とした国家社会主義ドイツ労働者党が、政権を掌握《しょうあく》して独裁政治をおこなった。其れに依り、反ユダヤ民族主義を標榜《ひょうぼう》すると共に、言動一致でユダヤ人を迫害《はくがい》し続け、ポーランド・アウシュヴィッツ収容所でのユダヤ人大虐殺へとエスカレートさせて行ったのは、強烈な印象として「忘れる」ことは出来ない。

悪賢《わるがしこ》き領土拡張の方法

世界には、昔から〝領土の拡張〟を強く望む余り、「侵略しても邪魔《じゃま》をされたり、再び侵略しても失敗したり、又《また》も侵略したり」を為《し》続けて居るという国が存在する。

取り立てて言えば、ロシアと中国がどぎつくて〝アウトロー国家〟と称《しょう》する所以《ゆえん》。

昨今は、驚く勿《なか》れ成る可《べ》く目立たない様《よう》に領土を拡張する〝ずるがしこい方法〟を遣《や》らかすから、其の魂胆《こんたん》が憎《にく》たらしいし、油断《ゆだん》できない。

一　攻撃は避《さ》けて土地を奪う事を入念《にゅうねん》に企《たくら》む。

二　他国領土に住んで土地を買い占《し》めて行く。

二は実例で、島の土地を「外国人に総《す》べて買い占《し》められた」ならば、他国の領土と成って仕舞う確率が高いので、ゆめゆめ留意《りゅうい》する必要がある。

外国人へ土地を売り渡す事は絶対に不可能とするべし。

ロシアと接触《せっしょく》の始まり

日本人がロシア人と、浅く接触を始めたのは、一八五〇年代（嘉永～安政）からであり、其の歴史は比較的に新しい。

だから、双方《そうほう》の行き来《き》が始まったのは、明治の中頃からである。

帝政ロシア最後の皇帝：ニコライ二世が、皇太子であった一八九一（明治二十四）年に日本を訪問中の大津市に於《おい》て、白人の嫌いな巡査《じゅんさ》：津田三蔵に斬《き》られて負傷した処《ところ》のいわゆる大津事件があった。

明治政府が、ロシアの要人たちと付き合い出して、徐々《じょじょ》に判《わか》って来たことは、

有色人種の東洋人を蔑《さげす》んで居る。朝鮮人は劣悪《れつあく》で支那人は大嫌い。白人優位でロシア人は世界最高。他人の物は俺の物で国土も同じ。

領有国が無かった樺太《からふと》

樺太は、十九世紀（一八〇〇年代）の半《なか》ば迄は、領有国が無い情況であったのだ。幕末《ばくまつ》（江戸時代後期）の探検家であり幕府《ばくふ》の隠密《おんみつ》（密偵《みってい》）である間宮《まみや》林蔵（常陸《ひたち》の出身）が、命《めい》を受けて樺太（サハリン）の北部を探検に依《よ》り踏査《とうさ》した一八〇九年に、シベリア東岸との間に在る海峡を発見し、『間宮海峡』と命名した歴史が有る。

十九世紀の初めには無人の樺太は間宮林蔵が発見した。

日本と帝政ロシアとは、一八五五年十二月の下田条約で、日本の択捉《えとろふ》島《とう》とロシアのウルップ島の中間を国境とすることを確認して調印した。

下田条約を締結した頃では、両国人が雑居して居た樺太をロシア領とし、千島列島のウルップ以北の島々を日本領とする『樺太・千島交換条約』を一八七五（明治八）年に締結した。

世界は俺の物のロシア

ロシアは、有史以来〝アウトローの素質《そしつ》〟を持って居て、遺伝《いでん》というものを明確《めいかく》に知らせて呉《く》れるのだ。「反社会的な性質は未来永劫《みらいえいごう》に亘《わた》って変わらない」であろうと断言《だんげん》できる民族であって、古来《こらい》彼らは、

一　有色人種の東洋人を蔑《さげす》み支那人が大嫌い。
二　〝白人優位〟で異常な程の優越感を抱《いだ》く。
三　他人の物は俺の物ゆえ侵略・支配を企《たくら》む。
四　極寒《ごっかん》の地域が多く南下《なんか》政策を取って居た。
五　優秀な英・米を凌駕《りょうが》する世界一を目指《めざ》す。
六　其のうちに日本列島の略奪を狙《ねら》って居た。
七　現世《げんせ》はロシアの為《ため》に在り世界を支配する。
八　不道徳な事を平気で遣《や》り恥とも思わない。
九　遣《や》られたら必ず報復《ほうふく》する執念深《しゅうねんぶか》さを持つ。
十　ロシアにとり侵略は当然すぎるほど当然。

把握《はあく》データは正確なり

ロシア人と接触し出してから五十年も経《た》った〝其の時点〟では、日本は「ロシアの分析《ぶんせき》を深めて居た」状態であった。

だから、戦う前には次の事柄を把握《はあく》して居た。

一　強がりを言う程優秀ではない。
二　宗教家ラスプーチンは極悪人《ごくあくにん》。
三　歴代の皇帝は圧政と戦争好《ず》き。
四　日本軍には無い機関銃を持つ。
五　ロシア海軍は高速軍艦を持つ。
六　他国の「裏をかく」のが得意。
七　戦場での強姦や虐殺が常習的。
八　収集した戦利品の自慢が異常。

当時は、戦場で敵側から武器を始め戦闘の証拠品《しょうこひん》などを分捕《ぶんど》るのが、世界的に流行して居《お》り、其の分捕った物を戦利品《せんりひん》として自慢した。

日露戦争の〝真相〟は

侵略が生き甲斐《がい》のロシアは〝南下《なんか》政策の一環《いっかん》〟として「島が欲しくて堪《たま》らない」ため日本列島を狙《ねら》って居た。

大陸の他国は勿論《もちろん》、大小を問《と》わぬ〝諸々《もろもろ》の島〟が欲しくて堪《たま》らなかったロシアは、いま考えると、英・米にそそのかされたのか、〝敗北寸前《はいぼくすんぜん》で風前のともし火《び》〟の日本から、略奪した北方四島を、日本へ返還することは有り得ない。

有史以来、ロシアは他国を侵略した〝数々《かずかず》の犯歴《はんれき》〟が有り、信用が出来ない状態。アウトロー国家と見做《みな》す可《べ》き最大の根拠《こんきょ》は、帝政ロシア時代の二十世紀初頭、満州を制覇《せいは》したうえ朝鮮半島と日本の島々を侵略する機会を窺《うかが》って居たために、一九〇四年二月の国交断絶を切っ掛けとして、四月に入《はい》り双方《そうほう》が火蓋《ひぶた》を切った経緯があるからだ。

已《や》むを得《え》ず、一九〇四〜〇五（明治三十七〜三十八）年の〝日露戦争〟が起きた訳で、正義の日本は、連戦連勝であったのだ。

日露戦争は日本の勝ち

日露戦争の〝主《しゅ》たる戦闘〟は、

一九〇四年八月　旅順港の海戦
〇五年一月　二〇三高地の激戦
三月　奉天の市街戦
五月　日本海の海戦

であり、以上の総《す》べてで、日本軍は勝利した。

一九〇五年九月、米国ルーズヴェルト大統領の斡旋《あっせん》に依《よ》り、ポーツマスに於て講和条約が成立した。〝締結内容〟は、

一　日本の〝朝鮮に於《お》ける権益《けんえき》〟を確認。
二　ロシアが「満州から撤兵《てっぺい》する」こと。
三　日本の〝支那関東州〟租借権《そしゃくけん》の容認《ようにん》。
四　支那長春・旅順間に在る鉄道の譲渡《じょうと》。
五　〝サハリンの南半分〟を日本へ割譲《かつじょう》。

条約破りは御手の物さ

物事に拘《こだわ》り易《やす》く抑《おさ》えも為《し》ない恨《うら》みを晴らそうとする恐ろしい執念《しゅうねん》を持つ民族性で、ロシア人は日露戦争での敗北《はいぼく》を、将《まさ》に雪辱《せつじょく》しようと次の不法行為を遣《や》らかした。

一　一九四一年四月に日本と結んだ〝有効期間：五年〟の中立条約に関し、期間を短縮するという話し合いを為《せ》ず、四五年四月にロシアが一方的に通告だけをして条約を破った。

二　〝日本の降伏〟寸前に、満州国・南樺太・北方四島を侵略した。

三　また、中華民国などに居た日本兵をシベリアへ強制連行して、耕作《こうさく》や土木《どぼく》作業に酷《こく》使《し》した。世に言う〝シベリア抑留《よくりゅう》〟である。

四　ロシアが侵略する前の北方四島に就いては、有史以来「ロシア人の居住事実は無い」のに、ロシアは「固有の領土だ」と嘘を言う。

国家間の約束事を決めて、違背《いはい》せぬよう誓《ちか》い合うも、平気で破る国が在るから、斯《か》かる気休め擬《もど》きの物は、紙屑《かみくず》同然と言ってもよく、締結しても無意味である。

審判の立場である可《べ》き

一九四五年七月、米国ルーズヴェルト大統領と英国チャーチル首相とが会談の上、蘇《そ》連のスターリン首相へ、日蘇中立条約が結ばれて居るのを知り乍《なが》ら、「日本を攻めるのなら、風前《ふうぜん》の灯《ともしび》状態の今が絶好のチャンスだ」と、嗾《けしか》けたのは事実である。

法的な拘束《こうそく》力を持つ国家間の条約を「無視して破る」三人は悪党の見本。

ボクシングで、一方《いっぽう》が打たれ続けて負傷が酷《ひど》い時は、レフェリーが試合を止めさせて、片方の勝ちを宣告するのをテクニカルノックアウトと言うが、大東亜戦争も一九四五年八月上旬は、日本は其のＴＫＯ状態であった。

日本とは、中立条約を結んで居るので「戦えない」筈の蘇連《それん》が、正しい認識を持つ〝まともな国〟ならば、レフェリーの立場を取る可《べ》きであったと思う。

三人とも大《おお》ワルだった。

強いロシアを求める民《たみ》

外国への強硬路線を支持して、強いロシアを求めるロシア群衆のデモ行進を報道で知り、自国だけの利益を謀《はか》る主張をごり押しのうえ実現させ、他国の立場を全く考えない利己主義者が、有史以来〝東スラヴ民族であるロシア人〟には、如何《いか》にも多いと言う〝印象・認識〟が、偏見《へんけん》ではなく正しかったことを確認した次第だ。

テレビニュースでは、ロシア国民の〝愛国心〟が、クローズアップされて居るのと比《くら》べて、日本国民からは「自分の卑近《ひきん》な事しか考えない」処の器《うつわ》の小さい人間ばかりが見えるのは、本当に情《なさ》け無いではないか。

日本人と違う〝点〟を挙げると、

一　全員がロシアファースト。
二　愛国心の水準が高い。
三　お人好《よ》しが皆無。
四　歴代の元首が独裁者。
五　要人が全て帝国主義。

ロシアは四流の先進国

十九世紀（一八〇〇年代）頃から、歴代の皇帝たちの圧政に依って、「国民全員が苦しんで居る」との悪評で、世界中にロシア帝国が知られるように成った。

有名に成っても　悪名が高いのは　嬉しい筈は無い。

ロシアは、第一次大戦のさなか一九一七年二月、革命で共産主義の政治へ移行したが、スターリン首相の独裁に依る悪政に、国民は決して幸福ではなかった。

皇帝の圧政は終われど、首のすげ替え丈《だけ》であり、掛け声許《ばか》りで中身無く、独裁の悪政が酷《ひど》く成り、新《あら》たな不幸に悩まされ、民の苦しみは続きけり。先進国に名を連《つら》ねるが、蓋《ふた》を開《あ》ければ上《あ》げ底《ぞこ》で、ボスが幾ら突《つ》っぱるも　他《た》の国々は見抜いたり。
四流の域を出ないのは　斯《か》かる事情に因《よ》る物ぞ。

独裁政治はロシア伝統

独裁政治の反抗に起因《きいん》する惨殺《ざんさつ》や、大量粛清《しゅくせい》を行《おこな》った旧蘇連のスターリン首相は、同じスラヴ民族であるが、「ロシア人ではない」グルジア人であった。たちが悪いことに掛けては筆頭なるロシア人らが、担《かつ》ぎ出したプーチン大統領も、途《と》んでも無いワルなのは、（然《さ》も有りなん）と言わざるを得ない。

スターリンは粛清に夢中で、プーチンは戦争を夢想する。ふたりとも大《おお》ワルの見本だ。

彼が、外国の元首や要人たちと会談する時は、必ず遅刻《ちこく》する由《よし》。其れに就いては、次の企《たくら》みが取り沙汰《ざた》されて居る。

一　会談を要請された形を取れば有利と成る。

二　会談の相手をいらいらさせて折衝《せっしょう》に勝つ。

吉川英治氏に礼を言え

小説『宮本武藏』を思い出して、強い敵に向う時は自信が無い卑怯者《ひきょうもの》は会談には〝遅《ち》刻《こく》戦法〟を真似《まね》る。

遅刻《ちこく》の常習犯であるプーチン大統領の行状からは、吉川英治氏の小説：宮本武藏を彷彿《ほうふつ》させる。文中の〝巌流島《がんりゅうじま》の決闘〟では、佐々木小次郎の方が「本当は強い」故《ゆえ》、宮本武藏が「策《さく》を弄《ろう》し、わざと遅刻《ちこく》して強敵を苛《いら》だたせ、平静心を失わせて勝った」のは、正正堂堂として居ない卑怯者《ひきょうもの》と断《だん》じ度《た》い。

遣《や》ること為《な》すこと総《す》べて悪く取る厭《や》なヤツを偶《たま》に見掛けるが、プーチン大統領は、〝其の類《たぐ》い〟と見受けられる。だから、此の輩《やから》には先《ま》ず手厚い持て成しなどの誠意は通じるどころか、悪意《あくい》に解釈《かいしゃく》されるのが落《お》ちだ。斯《こ》ういう〝不逞《ふてい》の輩《やから》〟に対しては、為《な》す術《すべ》も無く御手《おて》上《あ》げに成るのは悔《くや》しい限りだ。

自分が「悪事を為《し》て居る」奴《やつ》は、他人も「遣《や》ってる」と思うもの。

足を洗った先進国たち

曾《かつ》ては、一流先進国の全《すべ》てが、異民族と同民族とを問《と》わず、戦いの連続であった。併《しか》し、其の愚《おろ》かさに気付いて足を洗い、戦いは止《や》めて話し合うシナリオへ変えた事が〝人類に取っての大いなる進歩〟と言って良い。

然《しか》し乍ら、後進国は皆、「足を洗わない」で未《いま》だに戦いを止《や》めないというか止《や》める気が少しも無いのは、軽蔑《けいべつ》せざるを得《え》ない。元々《もともと》彼らは、

一　精神文化の低《ひく》きは伝統《でんとう》。
二　利己《りこ》主義は遺伝《いでん》である（カネに汚い）。
三　倫理《りんり》・道徳なぞ無関心。
四　悪知恵《わるぢえ》発揮《はっき》は趣味《しゅみ》なり。
五　中傷《ちゅうしょう》と捏造《ねつぞう》は生き甲斐《いがい》。

が根底《こんてい》に有るから、厄介《やっかい》な連中である。

「足を洗わない」のは〝後進国の特徴《とくちょう》〟なのだが、足を洗う気はさらさら無いと言うのが正しいかも。

未《いま》だに争い続ける国々

争って戦う。其《そ》れで殺し合うという愚《おろ》かさに気付いて、足を洗った先進国と比《くら》べるなら、足を洗わない、いや洗う気はさらさら無いのが後進国である。

まともな民族である国は現在、個人・民主・自由の各主義を貫《つらぬ》き、国民は仕合わせだが、まともではない独裁者が牛耳《ぎゅうじ》る国は、自由を主張すれば、逮捕《たいほ》され処刑《しょけい》されて了《しま》うという〝不幸の最《さい》たる物《もの》〟の惨《みじ》めさである。

其の中で、愚劣《ぐれつ》さが際立《きわだ》つのは、せっせと殺し合いの準備に余念《よねん》が無い点であり、呆《あき》れ返って仕舞うが、時代錯誤《さくご》も甚《はなは》だしい。

幾《いく》ら軍事技術が発達しても、人を殺す為《ため》の物である以上、精神文化は最低と言える物。

国防一途《いっと》の為《ため》なら未《ま》だしも、殊更《ことさら》他国を脅《おびや》かす軍備では、先進国の登竜門《とうりゅうもん》は閉鎖《へいさ》する。

独裁者以外は凡《すべ》て不幸

其れで、独裁欲の旺盛《おうせい》な奴《やつ》がひとたび政権を握《にぎ》れば、彼に反撥《はんぱつ》する者が居るなら、「丸で害虫を駆除《くじょ》する」考え方をする。あらゆる方法を講《こう》じて「目指《めざ》す相手を抹殺《まっさつ》する」というのが、人間の尊厳《そんげん》を冒涜《ぼうとく》する独裁者の常套手段《じょうとうしゅだん》であると言える。

此れを〝粛清《しゅくせい》〟と言うが、其の対象者は、

一　勢力《せいりょく》の有る切れ者。

二　頭の切れる人気者。

三　有能なる肉親（兄弟など）。

だから、〝自分の強敵〟と「彼に目《もく》された」ならば最後、死からは先《ま》ず免《まぬが》れないであろう。悪名高い独裁者が、勝手に事を決《き》めて行くとか、気儘《きまま》に振る舞い続けるとか為《し》て居る国は、みなが不幸のどん底《ぞこ》で苦しみ嘆《なげ》くしか、為《な》す術《すべ》も無い。

独裁に喘《あえ》ぐ民は不幸の極《きわ》み。

保身《ほしん》が最優先の独裁者

支配欲の強い独裁者は、永く権力を揮《ふる》える事を願うのが常《つね》で努力《どりょく》する。

其のためには、次の事を「熱望《ねつぼう》する」ため奔走《ほんそう》する物。

一　先ず肉体と地位の保身。

二　国内は全体主義の維持。
三　国外は自由圏との対抗。

人は誰でも、自分が一番大切ではあるが、独裁者の場合は「其れが桁外《けたはず》れで其の上異常性が強い」のを、歴史上の独裁者らが証明している。

自分以外は凡《すべ》て敵にて、逆《さか》らえば直《ただ》ちに処刑《しょけい》す。

人権無視を怒《おこ》らぬ阿呆《あほう》

全体主義の悪政とて、左記に甘《あま》んじる一般人民は、然《さ》も有りなんと思って仕舞う。

一　個人を全く尊重しない。
二　個人の価値は認めない。
三　個人の幸福は考えない。
四　自由な思想は認めない。
五　自由な言論は認めない。
六　自由な活動は認めない。

民《たみ》の幸《さち》より〝党益《とうえき》〟を重視《じゅうし》・優先《ゆうせん》する全体主義に対し、不平も言わずにおとなしく

「受け入れて居る」という人民の容子《ようす》は、外観だけかも知れないが、現実のアジアに一《ひと》つならず二《ふた》つまで存在するのは、やっぱり後進国の評価は正しいと確信した。

斯《か》かる国は、次の体制を取って居る。
一　一国一党制である。
二　独裁者が支配する。

有色《ゆうしょく》人種は総《す》べて嫌《きら》い

白色人種というものは、押《お》し並《なら》べて有色人種を嫌《きら》って居る。

彼等は古来《こらい》、黒色は無論で褐《かっ》色とか黄色人種も嫌いであり、総《す》べて「差別した」のである。取り分《わ》け、アメリカ人は黒人をアフリカより〝人身売買《じんしんばいばい》〟で買って来て、〝私有物《しゆうぶつ》の奴隷《どれい》〟として「無報酬《むほうしゅう》で扱《こ》き使った」のは、世界周知《しゅうち》の事実だ。

其れで戦前、アメリカが連合国（イギリス・オランダ・フランス・オーストラリアなど）をリードした〝日本苛《いじ》め〟の理由は、
一　日清・日露の両戦役《えき》で勝ち増長《ぞうちょう》して居る。
二　黄色人種なのに生意気《なまいき》で鼻持ちならない。
三　此れ以上に〝のさばる〟ことは許せない。

四　弱体化《じゃくたいか》させるため日本への輸出を禁じる。

日本苛《いじ》めが戦争の発端《ほったん》であると言ってもよい。

米国の仕打《しう》ちに報復《ほうふく》す

一九四一年十二月八日に、日本は米国と英国などへ宣戦《せんせん》を布告《ふこく》したという報道を、ラジオ放送と新聞の朝刊で知った日本人の多くが、感動した物だ。夫れは、米・英が各国を扇動《せんどう》し数々の仕打ちで日本を苦しめて居た〝怨恨《えんこん》〟からである。

其の〝主《おも》な仕打ち〟は、

一　石油・鉄鋼・小麦・砂糖等の主要生産国に対して、日本への輸出を禁止させた。

二　近代的な事務用品や日用雑貨類は、日本人の器用と優秀さに依り、絶大な信用が有るのに、「日本製品は紛《まが》い物《もの》で不良品ばかりだ」と、貶《けな》したり仰々《ぎょうぎょう》しく喧伝《けんでん》して、買い取りを拒否《きょひ》した。

三　米国人は内外で日本人を「ジャップ！」と卑《いや》しめて呼び、台頭《たいとう》する黄色人種に対する〝苛《いじ》めの走り〟と言える人種差別を為《し》て、冷《ひ》ややかにあしらい、誇《ほこ》りを残忍《ざんにん》に踏《ふ》み躙《にじ》る酷《ひど》いものであった。
黒人以外で「差別された」のは日本人丈《だけ》。

〝東京裁判〟に就《つ》いて

大東亜戦争の当初《とうしょ》、フィリピン：ルソン島での激戦で米軍が大敗し、マッカーサー司令官がオーストラリアへ逃げ込んだ〝悔《くや》しさ〟を根《ね》に持ち、「開《ひら》かなくてもよい」東京裁判をごり押し為《し》たと伝えられている。

普通の戦争なので裁判なぞ不要なり。

ドイツのナチスに依《よ》り、ポーランド：アウシュヴィッツ収容所でユダヤ人を大虐殺したのとは違い、古今東西《ここんとうざい》で幾度も行われて来た〝普通の戦《たたか》い〟と変《か》わらないのに。

故《ゆえ》に、大東亜戦争に就いては、極東国際軍事裁判を開く必要は無かったと信じる。

全般に亘《わた》り戦勝側《がわ》が絶対有利な判決と成るし、戦勝側証人のやらせ発言が全く不公平故《ゆえ》なり。

前述《ぜんじゅつ》の理由から、開く場合は次に因《よ》り「米軍を裁《さば》く」可《べ》きであろう。

広島と長崎の住民を大虐殺した原爆実験の決定者と命令者らを重要参考人として呼ぶのが妥当《だとう》。

残虐行為の最《さい》たるもの

惨《むご》いと言うか酷《ひど》い苛《いじ》め方《かた》を始め、傷付け方ないし殺し方を為《す》る様子《ようす》が残虐《ざんぎゃく》である。其の最《さい》たる行為は、一般人が住む市街地への原爆投下《とうか》であり、歴史上に遣《や》って退《の》けたのは、米軍に他《ほか》ならない。其の為《ため》、広島市は一瞬《いっしゅん》で壊滅《かいめつ》して十数万の死者を出した。其の上、米軍は広島市へ投下した原爆とは違うタイプの原爆を、三日後に長崎市へ投下したのだ。此れは、明《あき》らかに〝実験〟と言えるゆえ、悪逆無道《あくぎゃくむどう》で絶対に許せない〝暴挙《ぼうきょ》〟である。

其れだから、米国は残虐行為に就《つ》いては、口幅《くちはば》ったい事は言えないのだ。

此れこそ〝広島・長崎の大虐殺〟で、ドイツのナチスが犯したポーランドのアウシュヴィッツ収容所に於けるユダヤ人大虐殺を遥かに超えている。

原爆投下は大虐殺なり

当時の米国が、「原爆攻撃を実行した」のを非難《ひなん》するのは、

一　人類初の原爆攻撃であり、未《ま》だ経験の無い米国が、〝爆撃機よりの投下《とうか》実験〟を行《おこな》ったことと、広島市と長崎市とでは、〝タイプの違う原子爆弾〟であったことだ。

二　実験を為《し》た一九四五年八月六日の時点は、風前の灯火《ともしび》ごとき日本の敗《はい》北《ぼく》は確実であったのだ。其れ故《ゆえ》に、残虐行為を「遣《や》らかす」必要は無かったのである。

三　広島と長崎は、戦争を続ける為《ため》の〝重要な軍事施設〟などは無い処《ところ》の〝住宅地〟であったのだ。

「人間の尊厳《そんげん》を凌辱《りょうじょく》する」原子爆弾の存在自体を認める訳《わけ》にはいかない。

マッカーサーに就《つ》いて

日本にとっては縁《えん》が深く、大東亜戦争開始時のアメリカ極東軍司令官であった処のダグラス・マッカーサーは、其の後に西南太平洋連合国軍総司令官と成った。

日本の降伏後は、連合国軍最高司令官として〃占領〃に当《あ》たったのだ。

亦《また》、一九五一年の朝鮮戦争勃発《ぼっぱつ》には、彼はトルーマン大統領へ、

「早期決着には、原爆を使ってはどうか？」

と申し出た処《ところ》、大統領の許可を得られなかったので、非常に残念がり、

「老兵《ろうへい》は死なず、ただ消え去るのみ」

と言って、司令官を自ら辞任し引退して行ったのは、今も記憶が生々《なま》しい。

因《ちな》に、彼の後任にはリッジウェイ陸軍大将が就任した。

此の歴史から、小生は次の事柄を〃人の常《つね》〃と睨《にら》んで居る。

人間はたびたび〃大きなミス（逆の行動）〃を為《し》て了う。
・・・・一　日本への原爆投下《とうか》は全く不要…トルーマンの悪《わる》さ。
二　北鮮への原爆攻撃は正に必要…トルーマンの愚《おろ》かさ。

人種差別は米国の悪弊《あくへい》

朝鮮戦争の時、米軍戦死者の遺体《いたい》は日本へ運《はこ》ばれた。猛烈な屍臭《ししゅう》は忘れられない。

朝鮮戦争の勃発《ぼっぱつ》当初〝米軍戦死者の遺体〟は総《す》べて「黒人兵である」のに違《い》和感《わかん》を持った。

其の原因は「最前線の戦闘に従事した」のが、みんな〝黒人兵〟であったということなのだ。

アメリカは、人種差別があると聞いては居たが、(此処《ここ》まで遣《や》るか…)という厭《いや》な気分であった。兵器廠《しょう》の食堂・トイレが黒人は別なのも気に成った物。

小生の長女は、アメリカ海軍々人と結婚してカリフォルニア州オーチャードに居住するけれど、彼らの話に依《よ》れば、

一　住宅街に黒人家族が移り住むと、近くの白人は転居《てんきょ》する。

二　プールなどへ黒人が来ると、白人は皆出て行って仕舞う。

第二章　〝負け犬〟然の日本人

負け犬と似《に》て居る日本

噛《か》み合いに負け、しっぽを巻いて逃《に》げて行く犬は、すっかり意気地《いくじ》が無くなって、〃ほかの犬〃にも一切《いっさい》逆《さか》らわず、歯向かいも為《し》なく成る。

今の日本の姿を見て居るようだ。

日本の足もとを見る無法国らの中傷に〃負け犬〃は信じて了う。作り話で脅迫《きょうはく》すればかねは出す。お人好《よ》し相手へ詐欺《さぎ》は遣《や》り放題。嫌いな日本へたかるのは楽しい。戦時の事を知らないので好都合《こうつごう》。

一度だけ負けたからと言っても、惨《みじ》めな負け犬となるんじゃない。

負け犬の見本は政治家

大東亜（太平洋）戦争の敗北後《はいぼくご》、大方《おおかた》の日本人は「〃負け犬〃然《ぜん》と化《か》して了《しま》った」のであるが、取り分《わ》け政治家達が見本のようにぶざまであった。

丸で、〝骨無しクラゲ〟が物語《ものがたり》の中から出て来たみたいで、みっともなかった物。
だから、次の如く〝占領軍の計画〟どおりの有り様に成った。

一　米国の命令に逆らえない。
二　連合国に陳謝《ちんしゃ》し猛省する。
三　旧政府と軍隊を批判する。
四　真実を語れば追放と成る。
五　米国原案の憲法に変える。
六　戦力（軍隊）は持たない。

独立後も〝骨無し〟状態が続く。

骨無《ほねな》しクラゲの日本人

戦後の弱《よわ》よわしい日本人と日本国を見る内に、昔話《むかしばなし》の『クラゲのお使い：用足《ようた》し』を思い出した。

大事《だいじ》な用《よう》を頼《たの》まれたクラゲが、どえらいへまを為《し》でかした事から、棒でぶっ叩《たた》かれた為《ため》、ぐにゃぐにゃの体に成って了《しま》ったというのが粗筋《あらすじ》。

骨無しクラゲの日本は固有領土を盗《と》られたり、少女連行の嘘《うそ》と像まで造り捲《まく》る厭《いや》がらせとか、慰謝料詐欺《さぎ》の女性から騙《だま》し取られても何一《ひと》つ報復《ほうふく》できぬ意気《いく》地《じ》無し。

悪へ走る誘惑《ゆうわく》にも敗北《はいぼく》

連合国軍は占領により日本をもはや戦えない人と国とに大改革した。

連合国軍の占領政策が成功を収《おさ》めたのを、マッカーサー最高司令官は、「大満足であった」と伝《つた》えられている。

曾《かつ》ては、日本を〝身勝手《みがって》〟と中傷した米国こそ、次の点で身勝手きわまる。

一　日本を苛《いじ》めた事実を隠《かく》し嘘《うそ》の話を教育させた。

二　朝鮮戦争が勃発《ぼっぱつ》したら軍隊の編制《へんせい》を命令した。

三　実《じつ》の処《ところ》日本を助けない米国が経費を要求する。

亦《また》、日本の弱体化《じゃくたいか》を図《はか》った米国により、敗戦後の日本人は、自信喪失《そうしつ》で自己嫌悪《けんお》に落ち入り、「悪《あく》へ走る」誘惑《ゆうわく》にも負けて、敗戦前と比《くら》べれば質が下落《げらく》したのだ。

米国に左右《さゆう》される日本

連日《れんじつ》、日本人らが起《お》こした〝聞くに堪《た》えない事件〟を知らされ、うんざり為《し》て居るのは、少なくないであろう。

日本のケースは、〝素因《そいん》〟を辿《たど》ると、**無条件降伏後に、連合軍総司令部より、日本国の臨時政府へ次の指令がくだった。**

一　日本国民への報道と学校教育で次を徹底《てってい》すること。
（一）日本への輸出を差し止めた真相《しんそう》は教えない。
（二）身勝手な〝侵略戦争〟であったと教え込む。
（三）日本人は陳謝《ちんしゃ》して猛省《もうせい》する可《べ》きを強調する。

二　連合軍が作成した処《ところ》の〝平和憲法〟へ変える。
（一）一切《いっさい》の〝戦争〟は禁止する。
（二）其の事由《じゆう》で軍隊は持てない。

ダメ人間が増《ふ》えた日本

近頃、幼児を殺す事件が頻発《ひんぱつ》している。
一　同棲《どうせい》の男が虐待《ぎゃくたい》し暴行の果てに。
二　小児愛者が森林等で強姦の上に。
日本の少子化が進行している由々《ゆゆ》しい時代なのに、不逞《ふてい》の輩《やから》たちである。
亦《また》、とんでもないダメ人間が全国で増殖《ぞうしょく》して居る。
一　重要文化財や有名建造物に塗料《とりょう》を掛けたり疵《きず》付けたり為《す》る。
二　悪癖《あくへき》から考えられる処の〝あらゆる物〟へ火を付ける奴《やつ》ら。
三　嫌われて喧嘩《けんか》別れした女性をしつこく追い掛け廻して殺す。
四　当初は好きで結ばれたのに不倫した上に暴行して殺す奴《やつ》ら。
五　ぼけた高齢者を狙《ねら》い〝詐欺《さぎ》〟をやらかす者が跡《あと》を絶たない。
六　歩行禁煙の場所で図図《ずうずう》しく喫煙し吸い殻を捨てる者が多い。
七　「保育園児の声がうるさい」など苦情が趣味のクレーマー。
八　居眠り・脇見《わきみ》・ながら族・酔っ払《ぱら》い・逆行・信号無視運転。
九　痴漢が捕まる前に鉄道線路へ跳《と》び降りて逃げるのが流行《はや》る。

十　歩行禁止が常識で標示も在るエスカレーターを駆《か》け上がる。
十一　ベビーカーと高齢者は優先の標示を無視する者が多過ぎる。
十二　国と地方の議員らが視察と称し公費を使い〝観光〟を為《す》る。
十三　公務員や公団職員らが会議と称し料亭・キャバクラで遊興。
十四　曾《かつ》ては侮蔑《ぶべつ》する相手に遣《つか》った尊敬語を矢鱈《やたら》に話すのが流行。
十五　購入した舶来《はくらい》ペットを捨てるので住民が被害に悩んで居る。
十六　湖沼《こしょう》へブラックバスを放《はな》すため古来《こらい》の魚類が喰《く》われて了《しま》う。

十四に就《つ》いては、煽《おだ》てたりする時とか、軽蔑《けいべつ》して居る連中にわざと遣《つか》った言葉を、昨今は無闇《むやみ》に遣《つか》って居るのは、〝流行〟も下卑《げび》て了《しま》ったと言えるだろう。

例《たと》えば、「おっしゃる」や、「〇〇の方《かた》」など。

昂《こう》じて、「〇〇を殺した方《かた》…」と喋《しゃべ》ったのには、さすがに〝世《よ》も末《すえ》〟と思わざるを得ない阿呆《あほ》らしさであった。

上品ぶるのも逆《ぎゃく》効果だ。

『鬼平《おにへい》』の出番だぞ！

余《あま》りにも、盗みとか騙《だま》しや遣《や》り得《どく》など〝ずるい奴《やつ》の激増《げきぞう》〟で、江戸時代から説《と》かれ伝えられて来た格言《かくげん》を思い出した。

人を見たら泥棒《どろぼう》と思え。

其れから、昨今妙《みょう》ちきりんな火事が起きる。夫《そ》れが放火となれば由々《ゆゆ》しい事態だ。

「火を付け度《た》く成る」心因は、

一　憂さ晴《ば》らし（不運への不満と他人の幸《さち》への嫉妬《しっと》が大爆発）

二　打ち上げ花火の代用（火の美《び》に魅《み》せられた見物《けんぶつ》の悪趣味《あくしゅみ》）

物見高《ものみだか》く好奇心《こうきしん》が強いのは江戸っ子の気質だが、町人・侠客《きょうかく》や武士たちの喧嘩《けんか》は、実にはなばなしくて見応《ごた》えが有る物ゆえ、いざ始まるや野次馬《やじうま》と称した凄《すご》い人だかりとやんやの野次が面白《おもしろ》い由《よし》。

然《そ》うして、火事は夜とも成ればおぞましくも華《はな》やかなのが、何とも皮肉《ひにく》だ。

火事と喧嘩は江戸の花

〝放火〟は、江戸時代では〝火付《ひつ》け〟と称して火事の元《もと》であった。商人や職人などの多く住んだ下《した》町から発生したもの。時どき、武家屋敷《やしき》の在った山の手《やまて》（上町）へ、延焼《えんしょう》したらしい。遊廓《ゆうかく》の吉原《よしわら》が全焼した明暦の大火《たいか》は被害が物凄かったという。

江戸前期の浮世《うきよ》草子作家・井原西鶴の『好色五人女』では、火付けが題材と成っている。五人女のひとりである八百屋《やおや》お七《しち》は、**大火で焼け出されて寺へ避難した際《さい》、寺小姓《こしょう》の吉三郎と情を通じた挙《あ》げ句、次第に恋しさが募《つの》って火事に成れば復《また》逢えると思い火付けを為《し》て仕舞い、お七は火炙《あぶ》りの刑に処《しょ》されて終わる。**

徳川幕府では、余《あま》りにも火付けが多発した為《ため》、町奉行《ぶぎょう》所のほかに〝火付盗賊改《ひつけとうぞくあらため》〟の役所を設《もう》けた。旗本《はたもと》であり、火付盗賊改方役《あらためかたやく》の長谷川平蔵宣以《のぶため》（一七四五〜九五）は有名。テレビドラマの『鬼平《おにへい》犯科帳』でのヒーローとしても知られる。

犬も歩けば棒《ぼう》に当たる

犬も小屋《こや》を抜け出してあちこちほっつき歩くと棒でぶっ叩《たた》かれたということから、人とて用も無いのにうろうろ出歩くと、〝飛《と》んだ災難〟に出遭うという戒《いまし》めと共に、人は用が無くても前向きで行動すれば、〝思わぬ幸運〟に出会えるとも諭《さと》している。

刃《は》向かいも為《し》ない人びとを殺傷する奴《やつ》は、変質者である。

日本では通り魔《ま》と呼ぶ。

アメリカとか諸外国では、銃の乱射《らんしゃ》を遣《や》らかすので恐ろしい。此の類《たぐ》いは、何事《なにごと》も思い通《どお》りに成らないと、憂《う》さ晴《ば》らしに「人を殺傷する」のが常《つね》。

儘《まま》ならぬは浮《う》き世《よ》であって、憂《う》き世《よ》とも書く位《くらい》に「つらい事の多い」のが世《よ》の中。

せいぜい、酒を飲むのが普通。正常者との違いは歴然《れきぜん》である。

通り魔とテロリストとは、目的が〝憂《う》さ晴らし〟だ。

中傷《ちゅうしょう》の〝隙《すき》〟を与える

総《そう》じて、当世の日本男子は、曾《かつ》ての益荒男《ますらお》とか偉丈夫《いじょうぶ》と賛《たた》えられた素適《すてき》な男子なぞとんと姿を消して了《しま》った。全国民の模範《もはん》であるべき〝政・官界〟にも見当たらない。**体格が立派《りっぱ》で背が高くても、病《やまい》に罹《かか》り易《やす》くて負傷し易く、強靭《きょうじん》な精神力に欠《か》けて居る。**

悪漢たちには、足元を見られて〝夫《そ》の弱み〟に付け込まれる始末《しまつ》だ。

違反行為を臆面《おくめん》も無く遣《や》る人が夥《おびただ》しく成ったと見受けられる今日《きょう》この頃であるが、戦中・戦前の日本人と比較《ひかく》して「柄《がら》が非常に悪い」のは、次例の如し。

一　私有《しゆう》の山林で松茸《まつたけ》や筍《たけのこ》・山菜《さんさい》など盗み捲《まく》るヤツ。
二　遠浅《とおあさ》で無免許は捕獲《ほかく》禁止の蛤《はまぐり》など盗み捲るヤツ。
三　公有地の河原《かわら》で練習禁止の掟《おきて》を破るゴルファー。
四　徴収《ちょうしゅう》した税である公費を私用に遣《つか》い捲る議員等。

三に就いては、ゴルフボールは超硬球ゆえ、ぶつかれば怪我《けが》を為《す》る。

半島人《はんとう》が貶《けな》す対象とは

本当の話、半島人たちは「戦前よりも、今の〝負け犬〟を見抜いて居る」ようだ。其の理由を列挙《れっきょ》すれば、

一　我らより気力・体力が劣《おと》る。
二　領土を奪うも手が出せない。
三　漁師《りょうし》を殺しても仕返《しま》さない。
四　ウソの話を信じて了う。
五　騙《だま》せば直ぐ引っ掛かる。
六　脅《おど》せば直ぐカネを出す。
七　中傷すべて対処《たいしょ》しない。
八　朝鮮戦争には全然無知《むち》。

半島人とて、南より北の方が次の点で勝《まさ》る。

一　才能
二　団結力《りょく》

〝正義漢〟は嫌《きら》われる

残念ながら、優《すぐ》れた正義漢が上司《じょうし》を始め人びとから敬遠されるのが、世の常《つね》であることを悟《さと》って久しい。テレビドラマの『相棒《あいぼう》』でのヒーロー：杉下右京が其の例で、現実を描写《びょうしゃ》して居て共感を呼ぶ。善良なる正義漢を寧《むし》ろ苦《にが》々しく思って居るような人からすれば、目障《ざわ》りで〝やな存在〟なのかも知れない。

此れを取り上げざるを得ないのは、不正を働く人が「罪を犯した」という〝意識〟を持たない事例《じれい》が多い為である。

日本ばかりか世界中が非常識で不道徳が通る総ダメ人間時代来たる。悪質な犯罪事件が多く変質者と悪党が増殖中。

負けたから良く成った

日本が戦争で負けたので、良く成った事は多いが、悪く成った事は、

一　日本の領土が相当《そうとう》減《へ》った。
二　其処《そこ》からの権益《けんえき》を失った。

良く成った事は、
一　民主主義国家と成る…主権在民。
二　自由主義社会と成る。
三　男女同権が実現する。
四　男女平等の方向へ転換《てんかん》する。
五　男尊女卑の通念《つうねん》が無くなる。

換言《かんげん》すれば、勝《か》って居たら「実現しなかった」事と言える。
アメリカ一国《いっこく》とだけ戦っても到底《とうてい》勝てないのに、イギリス・オランダ・フランス・オーストラリアなどの連合国とでは、勝てる訳《わけ》が無かった戦争ではあったけれども、**負けたからこそ実現した事は多いのだ。**

敗戦で飢《う》えから逃《のが》れた

人間が　生きて行くには　衣《い》食《しょく》住《じゅう》の三つが特に不可欠《ふかけつ》なりや。

生活の基礎《きそ》と成る衣服《いふく》と食物《しょくもつ》と住居《じゅうきょ》は根本的《こんぽん》な条件だ。

此の〝衣食住〟の三大要素《ようそ》の内《うち》、い・の一番に必要なのは食べ物であろう。だから、二年ぶりに配給が復活した時は、何にも勝《まさ》る出来事であった。

茲《ここ》に、江戸時代の〝作者の意気込《いきご》み〟が伝わって来る身近《みぢか》な〝諺《ことわざ》〟がある。

花より団子《だんご》。　鮐は食《く》い度《た》し命《いのち》は惜《お》しい。
腐《くさ》っても鯛《たい》。　京の着倒《きだお》れ大坂の食《く》い倒《だお》れ。
棚《たな》から牡丹餅《ぼたもち》。　名物《めいぶつ》に旨《うま》い物《もの》なし。
初物《はつもの》七十五日。　好物《こうぶつ》に祟《たた》りなし。

男尊女卑の〝非常識〟

敗戦前までの日本では、男尊女卑《そんぴ》と男女差別の考えと扱《あつか》いが社会通念《つうねん》であり、現在からは、到底納得《とうていなっとく》できない〝愚劣《ぐれつ》な常識〟であった。

原因は、国会議員の立法《りっぽう》が悪いから、法に基《もと》づく裁判官の判決が悪く成って了《しま》う。

其の代表例としては、

不倫は男女の共犯にて、何《いず》れが欠《か》けても不倫に成らぬし罰するならば〝同罪

が妥当《だとう》〟なるが、女のみ有罪で男は無罪など不公平も甚《はなは》だしい。

だから、国会議員には道徳と常識の達人たちであって欲しいと思う。

〝功罪《こうざい》〟相半《あいなか》ばする例《れい》

日本が大東亜戦争に於《お》て、植民地の支配者なる一流先進国を攻《せ》めたことが切っ掛けと成り、当該《とうがい》の途上国《とじょうこく》総《す》べてが、解放されて独立に漕《こ》ぎ着《つ》けたのは、紛《まぎ》れも無い事実である。

西南太平洋の島嶼群《とうしょぐん》（スマトラ・ジャワ・ボルネオ・セレベス・チモールの諸島と其の附近《ふきん》の島々）から成るインドネシアは、曾《かつ》てオランダ領であったが、一九四五年には独立できた。

フィリピンは、十六世紀以来、スペインの植民地であったが、アメリカ・スペイン戦争の結果、一九〇一年にアメリカ領と成り、一九四六年には独立できた。

現在のパキスタンとバングラデシュを含《ふく》んで居たインドは、一八五八年にイギリスの直轄《ちょっかつ》と成ったが、一九四七年には独立できた。

日本が戦争を為《し》なかったらアジアの発展途上民族らは、欧米の先進国に依って未《いま》だに自国を植民地にされた儘《まま》であるし独立できたのは切っ掛けが在ればこそなのだ。

世界中で変質者が増加

現世《げんせ》では、居て欲しくもない変質者が、どうやら全世界にはびこる有り様なので、実に困った事である。本当に連日、テレビでは凶悪《きょうあく》事件を報道して居る。

〝殺し〟とて、従来は金品《きんぴん》の強奪が主《おも》であったが、近頃は男女交際の縺《もつ》れが多い。付き合って居る内に、男性の嫌《いや》な面や異常さに気付《きづ》いて、別れ話を持ち出したら、「惨《さん》劇《げき》を招《まね》いた」というのが殆《ほとん》どだ。

女性とは、別れ度《た》くなくて未練《みれん》たっぷりしつこく付き纏《まと》うストーカーに成る犯行である。きっぱりと思い切れず、諦《あきら》めが悪過ぎる男性が甚《はなは》だ目に付くのも厭《いや》な傾向だ。

昔には、未練《みれん》がましい男など〝屑男《くずおとこ》〟と言われて、女には益々虚仮《こけ》にされたもの。

オンナは幼少でも同年のオトコよりはるかにオトナで、ダメ男ほど必死に女を放《はな》したがらず。

男の全《すべ》てが変態に非《あら》ず

江戸時代から、巷《ちまた》での〝女同士の話題〟と来れば、**男なんてものは女を手込《てご》めに為度《した》いと始終狙《しじゅうねら》って居る。**

という有りさまで、男は〝助兵衛《すけべえ》〟が通り名であったようだ。

亦《また》、浪人と言うと江戸時代（一五九〇〜一八六八年）では、傘《かさ》張りの賃《ちん》仕事が知られて居るが、室《むろ》町時代（一三九二〜一五七三年）では、負けた領地の浪人たちが戦いに駆《か》り出されたので、正規《せいき》の武士より人数が多かった。但《ただ》し、戦闘員としての質は、〝雑魚《ざこ》〟と呼ばれて甚《はなは》だ悪かったうえ、彼らは「戦いの合間《あいま》に〝若く幼い村娘たち〟を犯《おか》した」悪事も伝えられて居るのだ。其れ故《ゆえ》、江戸から現今まで〝男の悪い噂《うわさ》〟が根強《ねづよ》くても仕方が無いのかも知れない。

併《しか》し、現今で「強姦をこよなく好み楽しむ」男は、例の変質者以外は居ないのだ。

変質者は戦時だろうが平時だろうが、遣《や》り度《た》く成れば遣るという犯罪者だ。

性の達人《たつじん》は変態を蔑《さげす》む

真面《まとも》で濃厚な目合《まぐわ》いを求めると共に実践《じっせん》して居る達人は、強姦・痴漢《ちかん》という〝変態行為〟には、全く興味《きょうみ》が無い。斯《か》かる悪事は、最高で極上《ごくじょう》の悦楽《えつらく》ではないからと言うのに尽《つ》きる。正しい性交は次の通り。

一　合意の女性と睦《むつ》み合う。
二　前戯で泣くほど大いに善がらせて本戯へと進む。
三　巧《たく》みな性技で共に喜悦《きえつ》の声を上げ善がりまくる。
四　奥義《おくぎ》を駆使《くし》し急がない。
五　彼女が何度も気を遣《や》る満《み》ち足《た》りた有り様を見る。
六　〝生き甲斐《がい》〟を感じる性交こそ手本に匹敵《ひってき》する。

立法者へ先ず望むのは

今は〝精神病質者〟と呼んで居る変質者（俗称：変態）は、他人及び社会に迷惑《めいわく》を掛けるので、出来ることなら居て欲しくない存在である。

少女を強姦し殺す輩《やから》は其の成就《じょうじゅ》には味を占《し》め又ぞろ遣《や》らかすために逮捕《たいほ》されて服役《ふくえき》しても短期で出所できるから再三再四 執念《しゅうねん》を燃やし精力旺盛《おうせい》を活《い》かす程故《ほどゆえ》肉欲絶《た》つは考えられず。

立法府（国会）と司法府（裁判所）へ次を要望し度《た》い。

一　犯行の凶悪化《きょうあくか》が凄《すご》い実態を知る可《べ》し。
二　犯罪を憎《にく》み甘過ぎる刑罰は重《おも》くする。
三　超満員とて仮出所《かりしゅっしょ》させる可《べ》きでない。
四　過失を除く殺人は死刑が妥当《だとう》である。
五　死刑が確定すれば即刻執行《そっこくしっこう》する可し。
六　再々犯が多い変態の実情を把握《はあく》する。

当初からの思い込みは

人は、先入観に囚《とら》われると、可成りな思い違いを為《し》て居るケースも在る。

初めに知った事を固く信じて疑わないと、後《のち》の見聞《けんぶん》での自由な思考や正しい判断を妨《さまた》げて仕舞い誤解して居る例が多いもの。

観察に依ると、大方の女性は男性に対して、次の通り思い込んで居るようだ。

男性というものは女性に隙《すき》が有れば、盛りの付いた動物の如く制御《せいぎょ》できず、強姦とか痴漢や付《つ》き纏《まと》いを為《し》て了《しま》う。

実のところ、此れは大きな誤解であり、夫《そ》の認識を持つ原因は、

一　郊外《こうがい》で強姦された。
二　電車で痴漢された。
三　ストーカーに悩《なや》む。
四　セクハラをされた。
五　通り魔で男嫌《ぎら》いと成《な》る。
六　へたな性交で男嫌《ぎら》いと成る。
七　素適《すてき》な性交を全く知らない。
八　意地悪《いじわる》が態《わざ》とやな話を為《す》る。
九　他人から厭《や》な話を聞く。
十　偶々《たまたま》周囲には変な男しか居ない。

人を精神面で大別すると、次の三種類が在る。

一　健全正常者

二　精神病質者
三　精神異常者
（三）は、いわゆる〝気がふれている者〟であって、（二）は、曾《かつ》ては変質者と呼んだ性格異常者を指《さ》し、俗《ぞく》に変態と言う。
不安が原因のノイローゼ（精神神経症）とは違い、他人や世間《せけん》一般に迷惑《めいわく》を掛けるのは、犯罪ゆえに不逞《ふてい》な輩《やから》である。

変質者は男性が殆《ほとん》どだ

性犯罪を犯《おか》す変質者に、男性が多いのは納得《なっとく》が行く。電車内で、女性が男性に対し「痴《ち》漢《かん》を為《し》た」例は聞いた事が無い。だからと言って、総《す》べてが変質者であると言うのは間違いだ。現実には、変質者が増《ふ》えて居るのは「どうしようも無い」けれども。

変質者は、夫《そ》れぞれが次の得意分野《とくいぶんや》を持つようである。
一　痴漢
二　強姦
三　女児・男児への苛《いじ》めや暴行
四　ストーキング

五　セクハラ
六　通り魔犯行
七　文化財の疵《きず》付け・桜の枝を切り捲《まく》り

此れら〝変態性欲と衝動《しょうどう》的行為〟に就《つ》いては、変質者のみに限られるものであり、健全正常者には「本当は、考え度《た》くもない」愚劣《ぐれつ》な欲望と行為であるのだ。

彼に苛《いじ》められた日本人

戦う前は、米国人に苛《いじ》められた日本人が、東條首相に苛《いじ》められることに成《な》るとは。天才には遥《はる》かに及ばない彼が、悔《くや》しい余《あま》りにだいぶ「ずるがしこく振る舞った」処《ところ》のワルでもあったとつくづく思う。

彼が、無類《むるい》の悪さを遺憾《いかん》無く発揮し、陸軍大臣から総理大臣へと駆《か》け上がったのが〝特急つばめ〟と囃《はや》されて、益々《ますます》有頂天《うちょうてん》に成ったのが大失敗の始まりであった。

其れは、何と言っても到底《とうてい》無理で、勝てる見込みが無い相手との無謀《むぼう》な戦争へと、「突っぱしらせた」愚《おろ》かな彼の狂気《きょうき》と言って差し支《つか》えない。

彼の妄動《もうどう》から、日本ばかりか連合国へも〝どえらい不幸〟を齎《もたら》したのである。

無理が通れば道理ひっ込む。

銃後《じゅうご》の国民とて、食糧の配給は一切途絶《いっさいとだ》えて、奈落《ならく》の底を味わい「辛酸《しんさん》をなめた」体験は、忘れようとしても「忘れられる」物ではない。

中傷《ちゅうしょう》するのは変質者だ

遣《や》り度《た》く成《な》れば即遣《そくや》って仕舞《しま》う。

というのが、変質者の異常性である。必然《ひつぜん》、健全正常者と差別せざるを得ない。

然《そ》うして、痴漢《ちかん》行為とか強姦を「好《この》み楽しむ」のは、変質者に限られる。

亦《また》、彼らは〝変質者自身の尺度《しゃくど》〟で、物事を判断するため、通常次の如く考える。

一　犯《おか》されて苦しみ泣くと尚《なお》気持ち良いもの。

二　強姦を味わい楽しむから誰も同じだろう。

三　自分なら〝少女の強制連行〟を為《し》たかも。

故《ゆえ》に、変質者の判断が、〝強制連行という発想〟へ繋《つな》がったものと観察して居る。

其れから、殊更《ことさら》かまびすしく中傷して、「酔《よ》うかの様《よう》に批難《ひなん》する」のは、変態行為の〝体験者〟に相違ないのだ。

強姦体験者だからこそ犯行場面の細密描写《さいみつびょうしゃ》を書くことが出来る訳で「日本人を中傷する」のも〝変質者特有の厚《あつ》かましい行為〟なのだ。

変質者と付き合う仭《なか》れ

何《なに》しろ、日本人は嫌われて居る。取り分け半島人《コリアン》と支那人《チャイニーズ》から。其の理由は、

一　有史以来〝半島は支那の属国〟であり日本を邪魔者《じゃま》視《し》した。

二　島国《しまぐに》のくせにでかい面《つら》を為《す》る日本人はなま意気《いき》で、癪《しゃく》に障《さわ》る。

三　文化程度が高い日本人に対し〝嫉妬《しっと》心〟が沸々《ふつふつ》と沸《わ》き立つ。

四　島が欲《ほ》しい支那は半島人を使い攻めて来た〝元寇《げんこう》〟が有る。

五　古来各々《おのおの》民族同士が戦う遺伝《いでん》体質を持つ〝変質者〟が多い。

六　変質者というのは他人も自分と同じ変質者と思う物である。

以上から、朝・中の変質者らがでっち上げた作り話は、馬鹿馬鹿《ばかばか》しい限《かぎ》りだ。

〔朝鮮〕日本軍人らが朝鮮系少女を強制連行して代《か》わるがわるレイプしたあと〝生《い》き埋《う》め〟に為《し》た。

〔支那〕日本軍が南京を攻撃したとき一般住民を三十万人以上も虐殺《ぎゃくさつ》した。

此の〝大嘘〟を、日本へ「突き付けて脅迫《きょうはく》する」彼らは、真面《まとも》に付き合う相手《あいて》ではな

いのであり、敬遠《けいえん》するのが賢明《けんめい》であろう。

第三章　情報戦にも負ける日本

〝日清戦争〟の真相は

一八九四〜九五（明治二十七〜二十八）年に起こった日清戦争のケースは、朝鮮半島の李《り》氏朝鮮第廿六代王：高宗の妃《きさき》：閔妃（一八五一〜九五年）一族主導の政治に不満な農民《みん》が蜂起《ほうき》した甲午《こうご》農民戦争（東学党の乱）に清国が便乗して出兵したため、日本は居留民を保護する可《べ》く出兵するに至り、結局は九四年八月一日の「宣戦布告を為《す》る」羽目《はめ》に成った次第なのだ。

日本が清国へ挑戦《ちょうせん》した〝理由〟は、半島人と日本人とは、一見《いっけん》しただけでは判別が出来ない点が甚《はなは》だ心配であったのが事実である。

清国を形成する漢族は朝鮮族や韓族らを古来軽蔑《けいべつ》して居《お》り属国扱いを為《し》続けて来たのだが、彼らと違《す》って日本人は得体《えたい》が知れない存在であっても知恵を絞《しぼ》って何《いず》れは属国に為る魂胆《こんたん》。

〝支那事変〟の真相は

支那事変は、昭和十二年八月十三日に、中華民国の上海に在った〝日本人達の住む租界《そかい》（居留地《きょりゅうち》）〟を、国民党政府軍が攻めて来た事件が発端《ほったん》である。真相は、往々《おうおう》にして間違って伝えられる物。七月七日に、北京南郊の盧溝橋《ろこうきょう》周辺で演習中の日本軍が銃撃されたのを不法として、翌八日に政府軍へ報復したというのは誤報だ。

〝租界《そかい》〟とは、治外《ちがい》法権の外国人居留《きょりゅうち》地を指《さ》し、嘗《かつ》て支那の開港都市に存在した。一八四五年に英連邦が上海に創設したのが始まり。一時は日本など八か国二十七箇所に及んだ。清の王朝が、阿片を禁輸した為《ため》に起きた英連邦との阿片戦争（一八四〇〜四二年）での敗北に由《よ》り、南京条約を締結して上海など五港を開いた訳《わけ》である。

日本が侵略したと言うが、仕掛けて来たのは支那軍で、

一　同じ黄色人種の日本人に敵愾心《てきがいしん》を持つ。

二　漢族は世界の中央に居て憧《あこが》れる華《はな》の如き民族である理由で、今後は〝中華民族〟と呼ぶ事にした〝異常な自尊心〟が齎《もたら》した物。

三　日清戦争で敗北した恨《うら》みと誇りの毀損《きそん》への報復《ほうふく》。

売られた喧嘩《けんか》は買うのが男

「強きを挫《くじ》き弱きを扶《たす》けるのが男の中の男」と江戸の世から伝わっているが、明治から大正へ然《そ》うして昭和へと、夫《そ》の心意気《こころいき》は皇軍の将兵達にも受け継《つ》がれて行った。
〝支那事変〟は、支那軍が攻めて来たから、日本軍は応戦《おうせん》したのだ。

応戦せず明け渡した方が良かったのか。
近頃の腑《ふ》抜《ぬ》け男子とは違ったのである。

支那人は、同じ黄色人種の日本人には敵愾心《てきがいしん》を持つが、英国人のような白色人種には、寧《むし》ろ畏敬《いけい》の念を抱《いだ》く。即ち、白人崇拝《すうはい》だ。嘗《かつ》て、体を滅《ほろ》ぼす阿片《あへん》を「売り付け」て、ぼろ儲《もう》けを為《し》たのに「全く恨んで居ない」のは驚く許《ばか》り。
其れ故《ゆえ》、外国人居留地《きょりゅうち》でも、日本以外の白人の国々には攻めなかったのも頷《うなず》ける。

強きを挫《くじ》き弱きを扶《たす》ける思想が定着《ていちゃく》して、弱い住民を日本兵が惨殺《ざんさつ》した事実は無い。

お喋《しゃべ》りは堪《た》えられない

紀元二千六百年の祝賀気分が真《ま》っ盛りの時に、名誉の負傷兵として帰還した知人の〝談話からの事実〟を披露《ひろう》し度《た》い。

北支派遣軍《ほくしはけん》の上等兵であった彼に依《よ》れば、気が遠く成るほど広大な支那大陸ゆえ、日本軍が進駐《しんちゅう》した範囲《はんい》は、言わば〝点と線〟のような状態で、単独で離れて行動するならば、忽《たちま》ち敵の民兵（民間で編成）などに襲われて仕舞う〝危険きわまる有り様《さま》〟であったと言うのだ。

昭和十五年夏、満州国から帰った知人の旅行談を思い出した。先《ま》ず、衝撃《しょうげき》を受けたのが、強烈な印象として残って居る。彼に依ると、南満州鉄道に乗ってみたならば、乗客は矢張り満州族が多く、驚いた事柄は、

一　全員がお喋りで動作《どうさ》も奇妙《きみょう》に騒々《そうぞう》しい。
二　所かまわず〝鼻糞《はなくそ》〟を擦《なす》り付ける。
三　当然と許《ばか》り〝痰《たん》〟を吐《は》き〝屑〟を捨て捲《まく》る。
四　禁煙にも拘《かか》わらず平然とタバコを吸う。

昔から島が欲しかった

支那は大陸国家であるので、古来「島が欲しい」ため、元《げん》と称した頃には其の大軍を二度も日本の博多へ来襲《らいしゅう》させた事がある。いわゆる鎌倉時代の〝元寇《げんこう》〟事件が其れにて有名。迎えた日本軍の奮戦で彼らは大敗した。

〝元〟は、モンゴル帝国の世祖：ジンギスカンの孫であり、第五代皇帝のフビライが建てた国で、王朝の宮殿が在る都を大都（北京）へ置いた。

沖縄は、江戸時代では琉球王国と称し、清国の属国であったが、当時の薩摩藩は、琉球王朝を滅《ほろ》ぼして乗っ取った歴史が有る。清国は無論、現代でも尚苦々《なおにがにが》しく思って居るから、いつかは日本より取り上げようと考えて居る節《ふし》が見受けられる。

彼らの遣《や》り方で、沖縄の土地を買い入れて居る事実が在る。

是も、彼らの怪《け》しからん所業を暴《あば》き度いので著述すると、南支那海に在る海南島は古来ベトナム人が住んで居たが、いつの間《ま》にやら支那人が増《ふ》え出して、遂にベトナム人を大陸へ追い出したという情報を思い出した。

然《さ》り気《げ》無く盗むところは中々の前歴者なりや。

嘘八百も中々たいへん

ひとつ嘘《うそ》を吐《つ》くと、「辻褄《つじつま》を合わせる」為《ため》に、次から次へ幾つも嘘を吐《つ》かなければならなく成って了《しま》う。

中国の要人は其れも悩《なや》みだ。

彼らが、世界へ向けて日本をとことんまで悪く言うが、総《す》べて〝出たら目〟。

即ち、党の要人が先頭に立ち、嘘八百を並べ立てよくもしゃあしゃあと言える処が〝共産党の仕来たり〟なのだろう。愚《おろ》かな人民を騙《だま》し続けたので、普通〝嘘吐《つ》き〟は他人に嘘を吐《つ》かれると偉く怒る物だが、怒らないのは愚人《ぐじん》を証明して居る。

〝漢族〟はよく嘘を吐《つ》く。其の手本に相応《ふさわ》しく、要人の全《すべ》てが嘘の大盤振る舞いに精を出すのは、見っともない限りだ。其の最たる実例は、

日本は南京市民を三十万人も大虐殺した。

此の〝妄言《もうげん》〟が、水準の低い中傷であるのは、次のとおり。

一　日本軍の十倍以上も居た兵士や予備役・退役とか民兵等は、住民の服装で抵抗したし、本当の市民は逃げて仕舞って居なかった。

二　敵兵が多過ぎるから、抵抗せずに逃げる住民を相手にするゆとりは無い。

三　短時間に、三十万人も殺すのは不可能であり、其れが出来る原爆は無い。
四　寛容《かんよう》だった蒋介石総統でも、訴えない筈は無いし、到底《とうてい》あり得ない事柄ゆえ、〝東京裁判〟で訴訟を起《お》こした記録は無い。
五　〝同じ漢族〟なのに、国民党政府軍と戦い続け住民を巻き込んだ共産党八路軍の子孫である〝今の要人達の言《げん》〟は、信用不可能で「悪意を晒《さら》す」丈《だけ》だ。
六　日本軍が戦ったのは国民党政府軍のみで、共産党八路軍は中華民国の主要地域には居なかったから、日本軍とは遭遇《そうぐう》もして居ない。
七　中共軍の前身：八路軍は、大陸の各地で政府軍へちょっかいを掛け続けて来た厄介《やっかい》者《もの》であった。
八　共産党の八路軍は、南京界隈《かいわい》に関しては知る由《よし》も無いので、まさに作り話だ。〝漢族が得意の嘘《うそ》〟と言える。
九　日本は米国に負けたのであって、直接には中華民国に負けていないのである。

抗日戦勝七十周年とは、ちゃんちゃら可笑しい。

邪魔者《じゃまもの》は全《すべ》て抹殺《まっさつ》する

中国が、日本を誹謗《ひぼう》・中傷する理由は、次の如《ごと》し。

一　蛮行《ばんこう》を為《し》た八路軍への関心を日本への非難《ひなん》で逸《そ》らす。

二　暴露《ばくろ》を装《よそお》った共産党が日本よりも国際的優位に立つ。

三　日本の信用ががた落ちして中国側が競《せ》り合いに勝つ。

日本は〝目の上のたんこぶ〟だ。

誠《まこと》に、彼らは必死らしく、南京市民に変装した男女の間諜《かんちょう》（スパイ）を、日本軍の将校が処刑して居る写真を使用して、厚かましくも〝南京大虐殺の貴重な証拠《しょうこ》〟だと喧伝《けんでん》したり、世界記憶遺産に申請するのは、又も図々しい破廉恥《はれんち》な行為である。

中国共産党の〝活動の邪魔《じゃま》に成《な》る存在〟は、全て抹殺《まっさつ》するのが彼らの狙《ねら》いだ。

日本が劣等的な弱小国なら、向きに成って誹謗《ひぼう》は為《し》ない。

〝党益《とうえき》〟なら盗んでも

外国の学者が発表した地下資源の埋蔵《まいぞう》情報を得たなら、他国の領海内でも容赦《ようしゃ》なく獲得《かくとく》のためチャンスを狙《ねら》う。

其れで、彼らが行き着く先は、次のような暴挙《ぼうきょ》と成る。

一　何箇所も存在する海底油田を独占する〝採油施設〟を次から次へと建設し続ける。

二　幾箇所も点在する珊瑚礁《さんごしょう》による広大な浅瀬《あさせ》に土を盛《も》り、人工の島を次から次に造成し、航空などの軍事基地を設ける。

三　更に、航空機や原発等の材料・部品に使う〝チタンの埋蔵海域〟を本調子で狙《ねら》って居る。

前記から、正常者なら考えも為《し》ない為遣《や》らない〝悪事〟を、全然臆《おく》する色も無く「遣《や》って仕舞《た》う」のは、彼らが正常者ではなく異常者であるのを如実《にょじつ》に物語って居ることを強調し度《た》いと思う。

仍《よ》って、彼らが日本人を批難することは、到底《とうてい》不可能と言える。

不幸な〝半島〟の歴史

〝朝貢《ちょうこう》〟というのは、属国《ぞっこく》の印《しるし》として主権国へ貢《みつ》ぎ物《もの》：かねと品物を献上することであるが、朝鮮半島の〝それぞれの国々《くにぐに》〟が、互いに負けまいと張り合って支那へ此の朝貢をおこなって来たのが、実情であった。

朝鮮半島の歴史は、次の通り〝不幸の連続〟であった。

一　古代《こだい》に支那が半島北西部に〝植民《しょくみん》〟をした。
二　古来北一帯は朝鮮族で南一帯は韓族が住む。
三　韓族は幾つかに分《わ》かれて争いを続けた。
四　有史以来半島は大陸（支那）に支配された。
五　半島内の王たちは支那へ朝貢をさせられた。
六　いわゆる〝属国扱い〟は現在も変わらない。
七　争い好《ず》きを示す朝鮮戦争は現在休戦中。
八　北は独裁者が君臨し南は大統領が悪人許《ばか》り。
九　半島全体の平和は日韓併合時代だけである。
十　かねに汚《きたな》いのは支那人の影響が大きい。

十一　大嘘つきなのは支那人の影響が大きい。
十二　争《あらそ》い好《ず》きなのも支那人の影響が大きい。
十三　ぱくり：盗みも支那人の影響が大きい。朱《しゅ》に交《まじ》われば赤く成《な》る。人の振《ふ》り見て我が振り直《なお》せ。

付き合う相手に依って、良くも悪くも成《な》る物。特に悪い影響は防《ふせ》ぐ事が出来ない。ただ、良《よ》い真似《まね》をせずに、悪い真似《まね》は為《す》るのが、愚人《ぐじん》の常《つね》という。

韓国人は半島東側の日本海を東海《トンヘ》へ改称《かいしょう》しようとごり押しに躍起《やっき》である。

韓国は、属国に相応《ふさわ》しく中国へ気を使って、次の通り。

一　半島西側の東支那海を「西海へ変える」と言わない。
二　抗日戦勝七十周年式典で習主席へ朴大統領が祝《いわ》った。
三　韓国の潘基文：国連事務総長がわざわざ駈《か》け付けた。

国連の事務総長は、「世界各国に対し公平を期《き》する使命《しめい》を持つ」筈《はず》なのに、此れを「大きく逸脱《いつだつ》する」失格行為である。

〝日韓併合《へいごう》〟の真相《しんそう》は

日韓併合に就いては、次の事由で踏《ふ》み切った。

一　民族特有の好戦性《こう》で半島が絶《た》えず戦乱の巷《ちまた》だ。
二　王なみの豪族《ごう》が幾つか在って互いに鎬《しのぎ》を削《けず》る。
三　清国《しん》よりも遥かに劣《おと》った文化が災《わざわ》いを招《まね》いた。
四　日本の援助が無ければ存立《そんりつ》が不可能であった。
五　全体を平和に治《おさ》める勝《すぐ》れた政治が必須《ひっす》と成る。
六　侵略好《ず》きのロシアが例の不穏《ふおん》な動きを見せた。
七　最大王族の李《り》王（のちの皇室）に要請《ようせい》された。
八　当時の半島人《コリアン》らは併合には〝賛意《さんい》〟を示した。

斯《か》くして、持主《もちぬし》と奴隷《どれい》の主従関係である〝従来《じゅうらい》の植民地〟とは、大いに異《こと》なる処《ところ》の長男と次男の兄弟関係である〝併合〟を用《もち》いたのである。

西欧先進国らの植民地政策では日本と違い、先住民に冷酷・残虐なる奴隷扱いを行《おこな》った。

日本の併合政策は穏当《おんとう》

此処《ここ》で、是非《ぜひ》とも述《の》べねばならないのは日本の場合で、日本では朝鮮の最大王族・李《り》王（併合後は日本皇室に加《くわ》えられた）と話し合うことに成った結果、白色人種らの諸国とは違う〝異民族《いみんぞく》（朝鮮と大和《やまと》）の併合〟という新方式を採《と》った。
異民族の併合による方式は、民族間の虐待《ぎゃくたい》と奴隷扱《どれいあつか》いは植民地とは異《こと》なる趣旨《しゅし》から法治国《ほうちこく》日本では在り得ない。

西欧先進国の植民地政策との異《こと》なる点は、日韓併合を前面へ出し人権を尊重《そんちょう》した事。

だから、西欧先進国らが今迄ずうっと実行して来た様《よう》な、冷酷無比《れいこくむひ》な物《もの》ではなく、〝穏《おだ》やか其のもの〟であったのだ。

日本人の優《やさ》しさの賜物《たまもの》

日本人は、極《ごく》一部の変質者を除《のぞ》いて、九分九厘《くぶくりん》が次の人柄《ひとがら》なり。

一　優《やさ》しい。
二　穏《おだ》やか。
三　お人好《ひとよ》し。

併合政策《へいごうせいさく》の〝勝《すぐ》れた点〟は、

一　日本国籍なら朝鮮系でも全国平等が当然である。
（一）　学校教育
（二）　産業動員
（三）　徴兵制度
二　朝鮮半島にも各種学校を新設。

以上であるのに、現代の〝半島人〟たちは、此の事実を知るや知らずや、飽《あ》く迄《まで》も日本人に敵愾心《てきがいしん》を持つ行動に終始して居るのを、日本人は念頭《ねんとう》に置《お》く必要があろう。〝南北〟とも、アウトロー国家と称《しょう》する所以《ゆえん》だ。

奴隷《どれい》扱いではなかった

日本は、明治・大正・昭和へ掛けて、半島人《コリアン》に詫《わ》びねばならない事は為《し》て居ない。コリアンと言っても、北は朝鮮族で南は韓族だから、〝脅迫《きょうはく》ネタ〟が違って居る。

一　北鮮…日韓併合
二　韓国…従軍慰安婦

一は、物事は総《す》べて悪意に取る習性を持つ民族であるのに気付いたのは、併合《へいごう》してから暫《しば》らく時間を要した物。言語こそ違うも、顔の外見《がいけん》は似《に》て居る方ではあるが性格は大分《だいぶ》違うのには非常に驚いた。知れば知るほど、御人好《おひとよ》しの日本人と比《くら》べて、彼らは「夫《そ》れに付け込《こ》んで来た」ので、始末《しまつ》が悪かったのである。

有史以来、永《なが》らく植民地政策を取り続けた西欧諸国（英《イギリス》・仏《フランス》・独《ドイツ》・伊《イタリア》・蘭《オランダ》・西《スペイン》等）は、先《せん》住民の扱いが惨酷《ざんこく》を極《きわ》めた事が、現今では話題《わだい》にも上《のぼ》らないのは、何《なに》か不思議である。矢張り、犯歴の有る先進国らの陰謀《いんぼう》に違いない。

日本を落とし入れる策《さく》として、中傷する捏造《ねつぞう》情報を喧伝《けんでん》し続ける処の半島人達へ、喝采《かっさい》を送る〝やじ馬《うま》国〟も存在するのには、呆《あき》れ返る次第である。

故意に知らされぬ情報

小生が大学生の折《おり》、連合国軍横浜兵器廠《しょう》でバイト中の一九五〇（昭和二十五）年に、〝朝鮮戦争〟が勃発《ぼっぱつ》した。仕掛けて来たのは、中共軍であって〝戦況《せんきょう》〟がまざまざと分《わ》かったものである。

此の戦争は、次の事由で中国の野望に外《ほか》ならない。

一　〝半島全体の共産圏《けん》化〟を図《はか》った。

二　中華民族の東洋制覇《せいは》の一端《いったん》である。

例の〝慰安婦問題〟も、其の頃は韓国人たちが別に騒《さわ》いで居ないので未知《みち》の事件と言ってよいが、真相を是《ぜ》が非《ひ》でも明《あき》らかに為《す》るのが小生の義務であると信じて居る。
朝鮮戦争当時、韓国政府は韓国軍および派遣させた連合国軍の兵士向けに、〝慰安婦〟として、韓国の女性を従軍させたのだ。
当該《とうがい》の韓国女性は、二十二、三歳であるから、現在は九十歳前後に成って居る筈《はず》で、此の事実より、韓国人の言う慰安婦は、支那事変中の日本軍ではなく、朝鮮戦争時の〝慰安婦〟と見做すのが正しい。

従軍慰安婦の歴史認識《にんしき》

前述《ぜんじゅつ》の〝証拠《しょうこ》および根拠《こんきょ》〟より、慰安婦の歴史認識を次表《じひょう》で明示《めいじ》し度《た》い。

事実に基《もと》づく〝比較《ひかく》表〟

二〇一八年（平成三十年四月一日）現在

名称	発生	当時の年齢	現在の年齢
支那事変	一九三七（昭和十二）年	二十～二十三歳	百一～百四歳
朝鮮戦争	一九五〇（昭和二十五）年	二十～二十三歳	八十八～九十一歳

米軍の慰安婦に就いて

従軍慰安婦の〝採用対象女性〟でも、日本と米国との相違点は、
日本…支那事変中の日本軍は純日本女性を、「募集して採用し従軍させた」のだ。
米国…朝鮮戦争時の米軍では純米国女性は、「ひとりも従軍させなかった」のだ。

〝従軍慰安婦の募集〟に際《さい》しては、性病が全世界に蔓延《まんえん》し出した事態で、全国検診を実施すると一般女性らは拒《こば》むので、〝公募〟は中止と成った。

然《そ》ういう次第で、政府が認めた公娼に取り決めた。

〝娼妓《しょうぎ》たち〟は検診を拒否《きょひ》しない為《ため》、遊廓総本部へ募集を依頼した結果は、応募《おうぼ》が多く厳選できて上首尾《じょうしゅび》だった。

日本の慰安婦の実像は

〝採用条件〟としては、

一　政府が認可した遊廓で働く娼妓《しょうぎ》であること（吉原《よしわら》は四千名居た）。

二　〝特例〟で検診を受けて強く望む一般女性。

〝合格条件〟としては、

一　性病を患《わずら》って居ない（淋病《りんびょう》や梅毒《ばいどく》が大流行して居た）。

二　性交が好き。

三　男を喜ばせるのが楽しい。

四　肉体が発達し性的魅力が有る。

五　評判が良い。

六　男が大好き。

七　男ごのみで色っぽい。

八　肌《はだ》の美しい器量《きりょう》良《よ》し。

九　〝愛嬌《あいきょう》〟が有る。

十　軍人が好き。

十一　成年の女性。

十二　純粋《すい》の日本女性。

応募者が多過ぎたことから、可成りの〝粒揃《つぶぞろ》い〟に成った。

亦《また》、当時の遊廓では、客たちに〝朝鮮系〟は不人気《ふにんき》で、誰も「指名《しめい》を為《し》ない」為《ため》、各々《おのおの》の店で雇《やと》わなくなって居た。其の理由は本当の事情が、

一　女体《にょたい》が発育不全。
二　色気《いろけ》が欠乏《けつぼう》。
三　可《か》わいげが全く無い。
四　器量《きりょう》が悪い。
五　本性《ほんしょう》が悪くて性格が暗《くら》い。
六　処世態度《しょせいたいど》が不快《ふかい》。
七　遊女《ゆうじょ》に向かない。
八　肉欲が湧《わ》かない。

日本政府および帝国陸軍が、拒否した関係上、〝募集と採用の対象〟と為《す》るのは、到底《とうてい》〝不可能〟であった訳《わけ》だ。

慰安婦は日本女性なり

前述《ぜんじゅつ》の様《よう》な経緯《けいい》で、とどの詰《つ》まり「従軍した」女性は、
一　純日本女性…全体の九割以上
二　朝鮮系女性…一割未満
従軍慰安婦の〝待遇《たいぐう》〟は、次の通り。

一　従軍看護婦と同等の扱いで優遇《ゆうぐう》された。
二　〝俸給《ほうきゅう》〟は兵士らの十倍以上。
三　休息は無論で自由時間も充分《じゅうぶん》に取得《しゅとく》できた。
四　万人《ばんにん》から尊敬されて大切《たいせつ》にされた。

兵士らの労苦《ろうく》を慰《なぐさ》め心を癒《いや》す〝慰安〟は重要だ。
次の中傷は絶対に許せない。

日本陸軍の兵士らが朝鮮系の少女を捜《さが》し出して強制連行した上に代《か》わるがわるレイプしたあと殺して仕舞《しま》う。

〝軍律〟は厳しかった

天皇陛下を頂点として、大日本帝国の名誉に係《かか》わる事は、絶対に不可能であった。
次の責任者が許可しない事を仕出かせば、軍律（軍規）に依って〝銃殺刑（数人の小銃で射殺）〟に処されたものである。

一　総理大臣
二　陸軍大臣
三　参謀総長

連隊長はおろか師団長と雖《いえど》も勝手な司令は許されなかった。

天皇陛下の御為《おんため》に、兵役《へいえき》の義務を全《まっと》うして居る将兵らには、「夫《そ》れ以外の任務など一切《いっさい》無い」から、コリアンらが中傷する様《よう》な事柄は、在り得《え》ない。

歴代の《の》大統領が「悪事を為《な》す」コリアとは、日本は「天と地との差を持って居る」ことを述べて置き度い。コリアンは皆、恥《はじ》を知る可《べ》きである。

〝従軍慰安婦〟の真相

支那事変中（一九三二～四五）には、朝鮮系も含《ふく》む帝国陸軍将兵に対する性的慰安のために、陸軍省が従軍させた〝軍隊所属の慰安婦〟が存在した。

対象女性は、吉原《よしわら》を始め全国の遊廓娼妓《ゆうかくしょうぎ》であり、彼女達の資格条件としては、

一　性欲が旺盛《おうせい》であり性交が好きで巧《たく》み。

二　男性が大好きで選《え》り好《ごの》みが少《すく》ない。

三　流行して居た性病を患《わずら》って居《い》ない（一般人は検診拒否《きょひ》ゆえ論外）。

四　役に立てる時間と労力や経費を節約できる。

だから、右記に総《す》べて違背《いはい》する一般女性（殊《こと》に少女）を「わざわざ探し出して強制連行する」という愚《おろ》か極《きわ》まる事実は無かったのである。

実際、陸軍省が取った最も合理的な方法は次の如《し》くであった。
一　全国には数万も居た娼妓を取り仕切る遊廓の総本部へ通達した。
二　当時の日本男性が望《のぞ》まない朝鮮系女性は遊廓に居ないのを熟知《じゅくち》。
結果は、給料の良い慰安婦の応募《おうぼ》者が多過ぎた程《ほど》で厳選《げんせん》が出来た次第《しだい》なのだ。

朝鮮系男性も多い陸軍

日本陸軍には朝鮮系男性も軍人で居たことを、全然考慮《こうりょ》に入れないことは〝浅はか〟である。

賢明とは言えない朝鮮人は、
一　「天《てん》に向《む》かって唾《つば》を吐《は》く」と災《わざわ》いが自分に降り掛かる。
二　朝鮮系軍人が朝鮮系少女を酷《ひど》い目に遭わせる筈《はず》が無い。
三　朝鮮系の日本軍人を批難《ひなん》する事と成るのに気づかない。
四　日本軍人を悪く言うと自分を悪く言うのと同じである。
五　〝少女強制連行の発想〟が根拠《こんきょ》の無い悪口《わるぐち》である事実。

六　莫迦者《ばかもの》の捏造《ねつぞう》した話を「信じる」奴《やつ》らは大莫迦《おおばか》である。
七　日本人に対して〝レベルの低劣《ていれつ》な中傷〟で脅《おど》し続ける。

「天に向《む》かって唾《つば》を吐《は》く」コリアン。

コリアンの悪辣《あくらつ》な中傷

陸軍が〝作戦〟を打ち切り朝鮮系少女を態々《わざわざ》捜《さが》し出し、無理遣《や》りに掴《つか》まえ連れ出して輪《りん》姦《かん》したあと殺して了《しま》う。

コリアに対して、「憤懣《ふんまん》やるかたない」のは、
一　前述《ぜんじゅつ》の「大嘘《おおうそ》を書いた」小説家が居る。
二　ドラマに仕立ててテレビ等で上映する。
三　アニメに仕立てて学校などで教育する。
四　〝泣きオンナ〟に慰安婦を演《えん》じさせる。
四に就いては、コリアでは昔から「葬儀《そうぎ》の哀《かな》しいムードを演出する」風習が在り、其の〝泣きオンナ〟を雇《やと》って代金を支払い「やらせて居る」のが真相。だから、従軍慰安婦というのは次の通り。

朝鮮戦争時に於ける韓国軍と米軍向けの韓国女性。

恐喝《きょうかつ》は朝鮮人の得意技《とくいぎ》

〝慰謝料詐欺《さぎ》〟は、昨今に始まった物ではなく、今更驚くに当《あ》たらない。

戦前に「はやった」のは、

一　自転車などに態《わざ》と体当《たいあ》たりして、見舞い金とか賠償金をゆすり取る。

〝当《あ》たり屋《や》〟と呼ぶ。

二　通りがかった人へ、「眼《がん》づけ為《し》たな！」と脅《おど》し、金品《きんぴん》を巻き上げる。

〝眼づけ〟とは、人の目を見据《みす》えて睨《にら》むような動作《どうさ》を指《さ》す。

此れは、明《あき》らかに〝言いがかり〟というもので、一般の人は為《す》る筈《はず》は無いのである。

〔現場に居合わせた小生の証言《しょうげん》〕

戦後、ＪＲ相模線：橋本駅のプラットホームで、朝鮮学校の女子生徒が、日本の女子高生に「言い寄る」のを観察したこともある。

芳《かんば》しくない人が増《ふ》える

支那事変から大東亜戦争へ掛け政府の方針で、全国的な経費の節約が実施・徹底《てってい》されていた。

従軍慰安婦の採用でも無駄を省《はぶ》く方法として、協力的な遊廓《ゆうかく》の総本部へ公娼《こうしょう》募集を伝達した。陸軍省の採用試験への応募者は多過ぎた位《くらい》だ。

故《ゆえ》に、強制連行を為《し》たとレベルの低い中傷を続けて、国内だけではなく、アメリカ等の海外にまで〝架空《かくう》の少女像〟を「建て続ける」行為は、許せる物ではない。

矢張《やは》り、日韓併合《へいごう》時代には、善良であるとは言えなかったが、増《ふ》えて居るのが確認できた訳《わけ》だ。日本から、朝鮮民族を切り離したのは実に正解であり、日本に取って幸《さいわ》いであると、つくづく思う今日《きょう》この頃である。

何が幸《さいわ》いに成《な》るか分《わ》からない。

飽《あ》く迄逆らう人が多い

判断力が信じられない程の韓国々民に、操《あやつ》られた処の政府要人・野党幹部を始めとする国会議員たちは、一流先進国の優秀な人々と比《くら》べれば、「雲泥《うんでい》の差《さ》が在る」のをまざまざと見せ付け続けて居るのは、「敢《あ》えて遣《や》らかす」のを民衆が望んで居るからなのだと推察《すいさつ》できる。

韓国の民衆が、「反日《はんにち》・嫌日《けんにち》を叫ぶ」原因は、

一　全国の学校で〝日本との同盟反対〟教育を実施する。
二　反日で著名《ちょめい》な監督がドラマ・アニメを続々と製作し上映する。
三　其の内容は事実では無かった〝全くの作り話〟。
四　とにかく日本人にはとても出来ない虐待を強調する。
五　韓国政府が〝前述〟の指導・奨励《しょうれい》を永遠に行《おこな》う。
六　〝韓国人の反日感情〟は益々高まる一方《いっぽう》である。
七　大嘘ゆえ〝架空《かくう》である少女の慰安婦像〟を各地へ続々と建設。
八　少女像を「国内外に設置する」のが韓国人らしい行《おこな》いである。

韓国は友好国ではない

韓国では、大統領とか国会議員および市長などに選《えら》ばれる為には、次の〝事柄〟を実行しなければならない。

一　日本人を嫌《きら》う〝反日家〟である事を訴《うった》える。
二　言動一致で「反日を永久に実践《じっせん》する」事を宣言《せんげん》する。
三　少女を強制連行し従軍慰安婦にしたという嘘《うそ》を主張する。
四　戦前の日本が朝鮮人を迫害《はくがい》したという嘘《うそ》で批難《ひなん》する。
五　反日感情を植え付ける為《ため》の教育実施を宣言する。
六　日本から慰謝料・賠償金を取り立てる事を主張する。
七　日韓併合は植民地政策とは違う真相《しんそう》への反論を展開《てんかい》する。
八　外交では「反日姿勢に終始《しゅうし》する」事を誓《ちか》う。

親日家は落選して反日家が当選する。

危《き》険《けん》国家は敬遠す可《べ》し

君子《くんし》危《あや》うきに近寄らず。

此の〝孔子《こうし》の金言《きんげん》〟を、日本人は「嚙《か》み締《し》める」必要が有ろう。
即《すなわ》ち、次の観点《かんてん》から「成るべく敬遠する」のが、得策《とくさく》と考える。

一　韓国と親しくすると北朝鮮に攻撃される。
二　日本とは無関係な戦争に巻き込まれる。
三　付き合いを深めれば益《えき》が無く損《そん》ばかり。
四　真《ま》じめで御人好《おひとよ》しだと食《く》い物《もの》にされる。
五　慰謝料・賠償《ばいしょう》金を際限《さいげん》無く払わされる。
六　北朝鮮と韓国とは永久に争うことは確実。
七　異常性を持つ民族と付き合うのは誤《あやま》り。
八　アウトロー国家らは敬遠するのが賢明《けんめい》。
九　南北ともに遠からず経済は破綻《はたん》が濃厚。
十　統合実現の有無に関係無く衰退《すいたい》は近い。

ドイツとは大きな違い

朝鮮半島に住む人種は、北部は朝鮮族で南部は韓族であるが、古来おのおの民族同士で争って来た歴史が有る。戦前は、通常引《ひ》っ括《くる》めて〝半島人〟または〝朝鮮人〟と呼んで居た。本章《しょう》では、コリアンと呼ぼうではないか。

悪辣《らつ》きわまるコリアンとは、対照的なゲルマン民族をメーンとする〝ドイツ〟は、第二次大戦に敗れて一九四九年に東西へ分裂したが、世界の冷戦状態の雪解《ど》けに依《よ》り一九九〇年、ゲルマン民族は流石《さすが》に「優秀で善良である」から、直《ただ》ちに東西が合併・統一を果《は》たし、連邦共和国として発足《ほっそく》した。

コリアンは其の比ではなく、〝乱世の有りさま〟なので、合併・統一など至難である。

其処《そこ》で、大和《やまと》民族へ目を転《し》じれば、日本が大東亜戦争に敗れても、ドイツとコリアのように〝分裂〟さえも為なかったという事実は、ゲルマン民族よりも更《さら》に誇《ほこ》らしい存在と言うことが出来る。

やっかみはあな恐ろし

往々《おうおう》にして、〝小《しょう》人物〟というものは、暇《ひま》を持て余《あま》して「良くない事を為《す》る」と、孔子《こうし》は説《と》いている。これは、至《し》言であると言えよう。

小人閑居《しょうじんかんきょ》して不善《ふぜん》を為《な》す。

ところで、韓国は国を挙《あ》げて、一流の先進国である処の日本国及《およ》び優秀且《か》つ善良な日本人に嫉妬《しっと》して、次に述《の》べる加害行動に出て居る。

一　戦前の歴史を悪辣《あくらつ》な日本に仕立てる。
二　日本人は残忍《ざんにん》だという嘘《うそ》を喧伝《けんでん》する。
三　総《す》べての学校で反日教育に精を出す。
四　〝作り話〟により徹底《てってい》して中傷《ちゅうしょう》する。
五　少女の慰安婦像を世界各地へ建てる。
六　慰謝《いしゃ》料とか損害賠償《そんがいばいしょう》金の詐欺《さぎ》を働く。
七　政権が変わると日本との約束を破棄《はき》。
八　外交に於《おい》て日本に何処《どこ》までも逆《さか》らう。

悪党らの心境《しんきょう》を詠《よ》めば

人は夫《そ》れぞれが、「充足《じゅうそく》感を得《え》られるように生きて行き度《た》く願って居る」ものと、観察して居る。左の〝狂歌〟では、韓国人の気持ちを表《あらわ》してみた。

さまざまな　事を遣《や》れども　悉《ことごと》く
　かれにおよばず　悔《くや》しきかぎり
彼奴《かやつ》には　勝《まさ》りたくとも　覚束《おぼつか》ず
　けち付けるしか　思わざるとは
豚箱《ぶたばこ》を　出《で》れど再び　詐欺《さぎ》なぞを
　遣《や》らねば食《く》えぬ　さだめ悲《かな》しき
始めれば　段段弾《だんだんはず》み　付くことは
　わるさの右に　出《い》ずるもの無し
悪事とは　判《わか》れど抑《おさ》え切れざるは
　満《み》ち足《た》りるのが　募《つの》り行きしに

羨《うらや》む対象こそ敵が多い

人には七人の敵が居る。
・・・やっかみはあな恐ろし。
人を見たら泥棒と思え。

此の諺《ことわざ》（戒《いましめ》）は、江戸時代から伝わって居るのを思い出した。現実社会というものを、よく観察して居ると、感心するばかり。

故に、日本は努《ゆめ》ゆめ気を付けなければならない。現実は、想像を絶する物である。

嘘の情報で中傷したり、〝作り話〟で脅《おど》すのは、悔《くや》しさが募《つの》るためなり。

日本人および日本国が、優秀どころか劣等なら、諸外国は、洟《はな》も引っ掛けないもの。即《すなわ》ち、〝羨《うらや》む対象〟ではないので、全然「相手にも為《し》ない」し、すっかり軽蔑《けいべつ》して「話題にも成らない」であろうと思われる。

精神文化こそ筆頭《ひっとう》なり

先《ま》ず、〝文化〟の意味は、地球上の人類が今迄に、〝生きて活動すること〟即《すなわ》ち、生活の「水準を向上させて来た」処《ところ》の根本的方法である。

次に、文化を方法別に分類すると、

野蛮《やばん》人とか未開《みかい》人ではない誇り高き文明人であるなら、何《なに》は扠《さて》置き〝精神文化〟こそ筆頭《ひっとう》と考える可《べ》きである。

一　真善美《しんぜんび》の追求《ついきゅう》	二　芸術	三　道徳
四　学問	五　教育	六　法律
七　衣食住《いしょくじゅう》	八　技術	九　報道
十　出版	十一　趣味	十二　経済
十三　交通	十四　通信	十五　宗教
十六　競技	十七　政治	十八　軍事

文化の意味を知らない

所で、文化国家と称《しょう》しても、当該《とうがい》国民の殆《ほとん》どが〝文化の意味〟も知らないのには、(然《さ》も有りなん)と思って仕舞《しま》う。

然《そ》ういう次第《しだい》で、文化の意味を「熟知《じゅくち》して居る」国民の多いのが、先進国であると言って差《さ》し支《つか》えない。

即《すなわ》ち、先進国と称《しょう》することが出来る「資格および条件を持つ」ための〝大前提〟と言えるのだ。

故《ゆえ》に、一般庶民《しょみん》の銘々《めいめい》が「多岐《たき》に亘《わた》る〝得意《とくい》な分野〟で絶《た》えず研《と》ぐ才能《さいのう》を発揮《はっき》し、生きることの幸《しあわ》せと悦《よろこ》びを満喫《まんきつ》して居る」という文明国が、先進国である。

以上から、次に掲《かか》げる条件の一《ひと》つでも欠《か》ければ、先進国から程《ほど》遠い。

一　文化の意味を知って居《い》る。
二　真善美の追求《ついきゅう》に励《はげ》む。
三　秀逸《しゅういつ》な伝統文化を大切に為《す》る。
四　精神文化の歴史が抜群《ばつぐん》に古い。
五　皆が道徳を重視して居る。

六　常識の豊かなる人が多い。
七　善良で実直なる人が殆《ほとん》ど。
八　社会延《ひ》いては世界の役に立つ人が多い。
九　教養が有り〝芸術〟其のものを知って居る。
十　生活の幸《しあわ》せを実感し満喫《まんきつ》して居る。
十一　完璧《かんぺき》な民主・自由・個人主義を銘々《めいめい》が謳歌《おうか》して居る。
十二　国を挙《あ》げ他国には迷惑《めいわく》を掛けない。

現在、世界で超一流の主要先進国と呼ばれて居る国々《くにぐに》は、二十世紀時代よりも更《さら》にレベルを上げ続けて、文字《もじ》どおり「先へ進んで居る」情況《じょうきょう》である。

而《しこう》して、文化の〝現実の有りさま〟が、次記のケースでは、〝第一関門《かんもん》〟に於《おい》て、先進国とは差が大きい。

一　〝精神文化〟が劣等《れっとう》状態。
二　古今に亘《わた》り文化財とか芸術作品が無い。
三　文化財とか芸術作品に関心が皆無《かいむ》。
四　芸術家を志向《しこう》する人が居《い》ない。
五　〝芸術〟其のものを知らない。
六　芸術を奨励《しょうれい》する風土《ふうど》ではない。

美《び》を表現する人間の活動と、夫《そ》の産物を〝芸術〟と云《い》う。

前述より、先進国以外は総《す》べて後進国だが、左記の国情が二《ふた》つ三《みっ》つ当《あ》て嵌《は》まる上《うえ》、「民《たみ》が殆《ほと》ど目覚《めざ》めて居ない」状態なら、劣等国の〝見本〟である。

一　完全無欠《むけつ》なる法治主義国ではない。
二　国全体が不道徳で非常識極《きわ》まる実状である。
三　中傷とか〝あらゆる迷惑《めいわく》〟を他国へ掛ける。
四　最低の文化なる〝軍事〟が目立《めだ》つ。
五　世界へ貢献《こうけん》を為《し》たことがない。
六　〝悪い知名度《ちめいど》〟ばかりが高い。
七　社会及《およ》び世界の秩序《ちつじょ》を乱《みだ》す行為を憚《はばか》らない。
八　国を挙《あ》げて嫉妬心《しっとしん》が強過ぎる。

精神文化が最低なのは

有史以来、精神文化が「最も低い」人というのは、全世界共通で次のとおり。

第一位　独裁者

第二位　為政者《いせいしゃ》

第三位　政治家（議員）…立法

第四位　司法官《しほうかん》（裁判・検察）

第五位　官公吏《かんこうり》（公務員）…行政

故《ゆえ》に、一般人以外は、概《おおむ》ね「精神文化が低い」のは事実であり、該当者《がいとうしゃ》は皆「胸に手を当てて考えて欲しい」と思う。

歴史上で、最低・極悪《ごくあく》の有名人は、ヒトラーとスターリンと東條英機の三人だ。

精神文化と言うと抽象《ちゅうしょう》的表現ゆえ換言《かんげん》すれば、人の理想である真善美《しんぜんび》を追求《ついきゅう》する姿勢《しせい》である。

秀才とて変質者は困る

無理を為《す》る秀才は　天才と大差があり　変質的傾向が強い。

人間を才能面《めん》で大別すると、

一　天才

二　秀才
三　凡才《ぼん》
四　低能

併《しか》し、天才と低能は別として、現実には「秀才と凡才とを行き来《ゆき》する」人が多い。

亦《また》、受験と処世術《しょせいじゅつ》（世渡《よわた》り）はじょうずなのに、其の他《ほか》は丸で駄目《だめ》なのが居るが、其の見本《みほん》の如《ごと》き奴《やつ》の所為《せい》で、未《いま》だに日本人と日本国が大迷惑《めいわく》を蒙《こうむ》って居る。

第四章　平和な日本のためには

〝競争〟も楽じゃない

人生に於《お》ては、誰でも競争を体験する機会が多いものだ。例えば、入学・入社とか登用《とうよう》などの試験や、運動会などの競技で、みんなが好《この》むと好まざるとにかかわらず、おこなって居ることである。

併《しか》し、此の競争が往々《おうおう》にして「事件化する場合が在る」ので、始末《しまつ》に負えず、・・いと厄介《やっかい》なものである。其れが、個人や企業間とか国家間に於て次のように。

一　仲間《なかま》はずれ
二　裏切り
三　言い掛《が》かり
四　中傷《ちゅうしょう》
五　騙《だま》し
六　脅《おど》し
七　苛《いじ》め
八　反対派の買収《ばいしゅう》（味方《みかた》に引き入れる）
九　嫉《そね》み（妬《ねた》みに因《よ》る）

十　蔑《さげす》み
十一　集《たか》り
十二　嘘偽《うそいつわ》りの喧伝《けんでん》
十三　前述を「立体的に遣《や》る」事
十四　落とし入れ
十五　酷《ひど》い仕打ち
十六　乗っ取り
十七　強奪
十八　暴行・強姦
十九　殺し

にまで「到《いた》って仕舞う」から、恐ろしい。

現実の社会で、夫れが変質者の場合は、「特に酷《ひど》い仕打ちで散《さん》ざんな目に遭わせ、〝惨《むご》い遣《や》り方《かた》〟で打ちのめすため、二度と立ち上がれなくなる」ほどの凄《すご》さである。

亦《また》、根拠《こんきょ》の無い〝悪口〟を言って「不当に名誉を傷付ける」奴《やつ》は多い。


動物の生存競争と余り変わらず。

全世界は平和ではない

戦後の日本人は、英気が萎《な》え体力も衰《おとろ》えたのが増《ふ》えた為、傍《かたわ》らのアウトロー国家らが夫《そ》れへ付け込み、強く出て来たのに対して、低《てい》姿勢が無難《ぶなん》と許《ばか》り何事も穏便一途《おんびんいっと》を辿《たど》り続けた処《ところ》の〝拙《まず》い遣《や》り方《かた》〟から、無法者《もの》たちは益々《ますます》付け上がる一方《いっぽう》だ。

世界は一日と雖《いえど》も平和ではない。

二度ある事は三度ある。世界の歴史は繰《く》り返す。

一般的な傾向からの言い伝えで、「二度も在った」世界大戦には、何はともあれ用心《ようじん》が専一《せんいつ》なりや。

〝自国の利益第一〟の定着《ていちゃく》する世界が戦争の素因《そいん》に成って居る。

歴史は〝争《あらそ》い〟が主題《しゅだい》

同じ言語《げんご》・宗教を持つ〝同じ人種〟の集《あつ》まり（一纏《ひとまと》まり）を民族と言うが、昔から人は、民族同士《どうし》または異《い》民族間で、争《あらそ》いを続けて来た。争いの原因は、**支配欲の強い者達が居て互《たが》いに争う。どちらかが負けるか滅《ほろ》びるまで戦う。勝った方が支配者と成り権力《けんりょく》を揮《ふる》う。**

支配者は〝独裁政治〟を遣《や》りたがる。

古今《ここん》を通《つう》じ、支配者は〝独裁者〟として君臨《くんりん》し、部下《ぶか》を始め民は服従《ふくじゅう》するのが絶対であり、些《すこ》しでも逆《さか》らえば言うまでもなく、批評《ひひょう》しても消《け》されるのが落《お》ち。日本の武家《ぶけ》時代（鎌倉から江戸末まで）では、肉親とて容赦《ようしゃ》なかったのだ。此れは〝紛《まぎ》れもない事実〟であって、他の国々に於《お》いても、争いが絶《た》える事が無い。「世界の歴史は争いが主題だ」と称《しょう》する所以《ゆえん》。

〝肌《はだ》の色〟に拘《かか》わらず

肌の色が同じでも、次の点で「違う」と、人というものは、先ず敵対視《てきたいし》を為《し》て次は敵愾心《てきがいしん》に酔《よ》い痴《し》れる。

一　常用して居る言語。
二　信仰《しんこう》して居る宗教《しゅうきょう》。
三　固持《こじ》して居る主義。
四　主張《しゅちょう》して居る思想。
五　維持《いじ》して居る風習。
六　文化上の高低程度。
七　文化上の成長有無《うむ》。
八　精神文化の度合《どあ》い。

「併《しか》し、全員ではないが…」と述《の》べ度《た》かったのだが、どうやら〝其の願い〟は叶《かな》えられない実情だ。だから、肌の色が違うなら最後、どうにもならないうえ後《あと》が無いと覚悟《かくご》する必要が有る。

戦い好《ず》きのリーダーは

自尊心《じそんしん》に限《かぎ》り、人を大別すれば、

一　誇りは高くて拘《こだわ》る。

二　誇りは充分有るが拘らない。

三　誇りは有るが低い。

世界の歴史を調べると、戦争を企《くわだ》てて実行に踏《ふ》み切ったのは、一のタイプである。二は、一に賛成《さんせい》して協力する。三は、二に同調するのと、反対するのとの二派《は》に分かれるのが通常と観た。

此の〝誇《ほこ》りのぶつかり合い〟に依《よ》って、異民族らの間で戦争は起《お》こり、再三再四「繰《く》り返されて来た」のだ。

勝ちたれば　奴隷《どれい》にしたり　殺すのは
　此れぞ〝いくさ〟と　割り切り居《お》りて
攻《せ》めるのは　何は兎《と》もあれ　大《おお》いなる

〝防禦《ぼうぎょ》〟なりせば　武士《ぶし》はもちいて

有史以来、夫《そ》れぞれの地域で人類は、人種・言語・文化を異《い》にする処の〝諸々《もろもろ》の民族〟各々《おのおの》が、敵対して張り合った〝戦《たたか》いの歴史〟を展開したと言ってよい。其の規模《きぼ》は区々《まちまち》で枚挙《まいきょ》に遑《いとま》が無《な》い。

驚くほど長いので記述《きじゅつ》すると、一三三七年から一四五三年迄、イギリス・フランス間で行われた〝百年戦争〟が在る。

余《あま》りにも古いと、最終的な平和条約が結ばれた事で挙げれば、紀元前四九九年から前四四九年迄の四回に亘り、ペルシアがギリシアを征服する為に起こした〝ペルシア戦争〟も有った。

何《いず》れにしても、異民族間で行われた戦争では、勝った側が負けた側への〝仕打ち〟は凄《すさ》まじく、殺したり奴隷にするのは当たり前で、其の扱いぶりは残虐・悲惨を極めた物と言う。

二十世紀を迎えた頃から、夫《そ》の残忍《ざんにん》性は漸《ようや》く薄《うす》れて行ったのである。

敵も然《さ》る者引《ものひ》っ掻《か》く者《もの》

平安時代の後期（十一世紀末）に、源氏と平氏が武士の棟梁《とうりょう》として現れた頃、語《かた》り継《つ》がれた至言《しげん》が有って其れは、

攻撃は最大の防禦《ぼうぎょ》なり。

但《ただ》し勝てる見込みの有る時に限るのは当然で、身の程知らずが戦いを仕掛ければ破滅《はめつ》を招《まね》く。

日本歴史上で、哀《あわ》れな末路《まつろ》であったのは、明智光秀と石田三成が目立つ。

夫《そ》れで、東條首相の命令が起因《きいん》の〝失敗《しっぱい》〟は、大東亜戦争であると思う。

独裁者気取《きど》りの変質者：東條英機首相に依《よ》り、一般庶民《しょみん》は未曾有《みぞう》の辛苦《しんく》を味わわされたのだ。

併《しか》し敗北《はいぼく》で民主・自由主義の国に成ったから、真《しん》の選良《せんりょう》を選ぶ投票《とうひょう》者の責任は重大であろう。

戦力の無い日本の実情

曾《かつ》て、日本が戦力の無い状態であった時、次例《じれい》の様《よう》に他国から攻撃された挙《あ》げ句《く》、日本の領土を「略奪された」のである。

一　南樺太《からふと》・北方四島

二　島根県竹島

一は、一九四五年八月上旬、ロシアは日本の敗色が濃厚で「風前の灯《ともしび》である」のを知り、日蘇《そ》中立条約を破棄して攻撃して来たから、容易《たやす》く略奪されて仕舞った。

二は、敗北した日本の新憲法が「一切《いっさい》の戦争を放棄した」のを知って居る韓国は、日本漁民を惨殺《ざんさつ》のうえに「強奪した」のである。

此の〝竹島〟は、一九〇五（明治三十八）年に「日本が島根県へ編入《へんにゅう》した」ことは紛《まぎ》れも無い事実であるので、日本固有の領土に間違いは無い。

先人曰《せんじんいわ》く「約束は破《やぶ》る為《ため》に在る」と。〝約束〟は気休めにしか成らない物。改憲しなければ領土は奪われて了《しま》う。

備《そな》え有れば憂《うれ》い無しだ

歴史には、争いの記録がぎっしりと詰《つ》まり、我が物顔に振る舞って居る。内外の映画やテレビドラマにも、争いと戦いが幅を利《き》かせて居るし、其れらからも世界の人達の考えの真相《しんそう》がばれて了《しま》う。

だから、近き将来に事変なみか然《さ》も無ければ可成り大きな戦争が起きるかも知れないと思える。

日本が、平穏無事《へいおんぶじ》を続ける為には、次の用意周到《よういしゅうとう》さが必要になる。

一　現行憲法の無能な条文は総《す》べて削除《さくじょ》する。
二　最新最良の兵器類と精密《せいみつ》機械を準備する。
三　夫れを使いこなせる秀《ひい》でた人材を揃《そろ》える。
四　世界最高で〝勝てる戦力〟が絶対に必要。
五　有事即応《そくおう》と臨機応変《りんきおうへん》の有能なる指揮官を育成。
六　せめて一流先進国なみの規模に為《す》るのが急務。
七　防禦《ぼうぎょ》と報復《ほうふく》の〝即戦態勢《そくせんたいせい》〟が肝要《かんよう》である。

莫迦《ばか》にされて居る日本

日本には二度と戦争をさせない命令書である憲法を米国が作り、日本政府が公布・施行したため自衛戦争も出来ない現状である。其れを知って居る悪賢《わるがしこ》い国など漁民《ぎょみん》を惨殺して竹島を強奪した。

日本の島々が欲しい国は多くて尖閣諸島や離島《りとう》も狙《ねら》われて居《お》り、世界は決して平和ではなくあちこちで戦争が繰《く》り返されて居る。

だからと言って日本から攻撃を仕掛けるのではなく相手国から侵略されるのを「未然に防ぐ」能力を持つことは最重要であり、若《も》し侵略されて了《しま》ったら「取り返す」ことも必要なのである。

アルゼンチンにフォークランド諸島を「盗《と》られた」イギリスは、機動部隊を出動させてフォークランド紛争を起《お》こして勝利した。

憲法で手も足も出せない事を知る国々は日本を虚仮《こけ》にして居る。

世界には、攻撃のための新兵器を開発することに熱心な国が多いのは、人類にとり「不幸である」と言わざるを得《え》ない。

自分だけ気を付けても

安全運転を心掛けるのは〝自他共《じたとも》のため〟であるが、自分が気を付ければ大丈夫と油断《ゆだん》すれば、他人の車が次のようなケースでは、事故に巻き込まれるので厄介《やっかい》な物。

一　逆走《ぎゃくそう》運転をされる。
二　脇見《わきみ》運転をされる。
三　ながら族《ぞく》にスマホを使われる。
四　認知症《にんちしょう》患《かん》者に打《ぶ》つけられる。
五　酔っ払《よっぱら》い運転をされる。
六　居《い》ねむり運転をされる。
七　追い越しで衝突《しょうとつ》される。
八　急に車線変更をされる。
九　速度を上げられ追突される。
十　反対車線の車に衝突される。
十一　整備不良から事故を起される。
十二　無免許者や未熟《みじゅく》者《しゃ》に衝突される。

十三　中華系の人に無謀《むぼう》運転をされる。
十四　乳幼児のぐずりが因《いん》との由《よし》で衝突される。
十五　同乗者との喧嘩が因《いん》との由《よし》で衝突される。
十六　同乗者との雑談が因《いん》との由《よし》で衝突される。

亦《また》、次の事件に因《よ》るケースは、悲劇である。
一　玉突き衝突に巻き込まれる。
二　自転車などが急に出て来る。
三　子供が急に跳《と》び出して来る。
四　当《あ》たり屋《や》に体当《たいあ》たりされる。
五　通《とお》り魔《ま》やテロリストに危害《きがい》を受ける。

車同士の厄介《やっかい》な関係と、国同士の係《かか》わり合いは、よく似《に》て居る面《めん》がある。

自国だけ平和を叫べど

米国人の作った憲法で、日本だけが幾ら平和主義を心掛けても、他の国々が平和を心掛けず、厚《あつ》かましくも襲《おそ》って来て居《お》り、実に困った問題である。

此れは、車同士の〝厄介《やっかい》な関係〟とよく似て居る。

現行の日本国憲法では、「手も足も出ない」ことを知って居る韓国は、**日本の漁民《ぎょみん》を惨殺《ざんさつ》して、島根県の竹島を奪《うば》った。**

此れに「味を占《し》めた」韓国は、長崎県の対馬《つしま》を狙《ねら》って居る。

一方《いっぽう》、南支那海の次に東支那海の島が欲しい中国は、次の情報をキャッチしたら、沖縄県石垣市の尖閣諸島の領有権を主張し始めた経緯が在る。

〝チタンの埋蔵海域〟が尖閣諸島の周辺《しゅうへん》なり。

現行憲法は占領軍の命令書

一九四〇年代の初め頃に米国が英《えい》・蘭《らん》・仏《ふつ》・豪《ごう》などの連合国に音頭《おんど》を取った処《ところ》の日本いじめを堪《た》えられずに起こして仕舞った大東亜戦争で「敗北《はいぼく》した」あと、日本に二度と戦争をさせない為《ため》軍隊を持ってはならないという〝連合国軍の命令書〟と言える『平和憲法』を押し付けて来た。

自衛戦争すら出来ない先進国は、もちろん国防軍は無い四等国だ。

手も足も出せない日本

世界の常識では、他国に従属せずに完全な主権を持って居る国が、独立国と呼ばれて居る。

日本は、連合国軍に占領されて居た時、米国が作成し押し付けて来た処の、言わば命令書と言える平和憲法に依って、次の如く雁字搦《がんじがら》めに成って居る。

一　一切《いっさい》の戦争が出来ない

二　自国は戦力を持てない

曾《かつ》て、米国の命令（後述）で存在する自衛隊は、災害救助しか出動できない。前述《ぜんじゅつ》から、現行の憲法を遵守《じゅんしゅ》しなければならない関係上、日本は固有の領土さえ、「自衛することも不可能である」現状なのだ。

通常は、他の法律や命令を以《もっ》て変更するのを許さない〝国の最高法規：憲法〟こそ本来なら、〝自衛隊の存在は不可能〟なのに、「柔軟《じゅうなん》過ぎる」弾力的な解釈に依り、「違反気味《ぎみ》に存在する」のは、日本人と言うか日本国と言うか〝伝説的な不思議〟の一《ひと》つと言っても過言《かごん》ではない。

身勝手《みがって》すぎるアメリカ

大東亜戦争が終結後、米国が日本へ命令した事は、

一　二度と戦争を仕掛けてはならない。

二　戦力（軍隊）を持ってはならない。

併《しか》し乍《なが》ら、一九五〇年に朝鮮半島で中共軍と北鮮軍が南へ侵入して来るやいなや、又また身勝手にも、日本へ次の命令をくだしたのだ。

一　共産圏《けん》へ対抗する事の出来る軍隊を編制する。

二　日本が攻撃されたら日本自身で守るのが当然。

其処《そこ》で、直《す》ぐに警察予備隊（保安隊から自衛隊へ呼称《こしょう》変更）を編成した。

其れで、米軍が韓国に駐留《ちゅうりゅう》するのは、韓国を守るというよりか、中国や露国などの〝共産圏の世界制覇《せいは》〟を許さない為なのである。

米国は占領して居た時に作成し、日本へ押し付けた命令書である平和憲法は疾《と》っくに忘れて居る。

張り子の虎《とら》を望む国々

紀元前二二一年の秦《しん》とか、爾後《じご》の漢《かん》の如く、世界最強の大国を夢見て無理して居る中国は、日本には「絶対に邪魔《じゃま》され度《た》くない」と思って居るのも確かなようだ。

其れに、「日本を何処《どこ》までも憎《にく》む」南北の朝鮮は、次の事を望んで止《や》まない。

一　日本人と自衛隊は烏合《うごう》の衆《しゅう》なり。

二　うわべだけ強そうな玩具《おもちゃ》の兵隊。

三　〝張り子の虎《とら》〟の如く空威張《からいば》り。

四　見せ掛けだけで内容が伴《ともな》わない。

米国のトランプ大統領が、選挙運動中に喋《しゃべ》って居たが、彼に言われるまでもなく、**日本は他国に依る諜報《ちょうほう》とか、攻撃や侵略等《とう》に対処《たいしょ》できる〝戦力〟を持つ可《べ》きである。**

日本は、一流の先進国であるのにふさわしい処《ところ》の超現代的な国防軍の編制が絶対に必要不可欠なりや。

改憲反対で日本危《あや》うし

憲法改正は絶対反対を叫ぶ人々には、次の存在を知って欲しい。

一　日本人を凄《すご》く嫌《きら》って居る。

二　敵対を迚《とて》も楽しんで居る。

三　憎《にく》むのを生き甲斐《がい》と為《す》る。

四　難癖《なんくせ》を付けて詐欺《さぎ》を働く。

亦《また》、「愛国者と軍国主義者とを混同《こんどう》して居る」人が多いことから、日本を心底から愛して居ないと思われても、仕方無いであろう。

乃《すなわ》ち、〝斯《か》かる人々〟とか、アウトロー国家に味方《みかた》する人々が「デモる」ために、次の通り、日本は最大の危機《きき》に面《めん》して居る。

一　中華民族と半島人らはほくそ笑む。

二　日本固有の離島《りとう》が狙《ねら》われつつある。

故《ゆえ》に、「軍隊と武器は持たない。平和を望むので」と幾《いく》ら叫んでも、テロリストやアウトロー国家らは、聞く耳を持つ筈《はず》は有り得ない。

〝改憲〟は絶対に必要

憲法を改正しない限り、突発《とっぱつ》事態の気配《けはい》は濃厚。

改憲に反対する人々は、完璧《かんぺき》なる日本領土を他国に略奪されてもよいと言うのか。再び、島根県竹島の如く強奪されてはならない訳《わけ》で、現行憲法は改めるのが賢明だ。
世界中で、日本のほかに平和憲法を持つ国は無く、其の理由は、
一　戦えない憲法を見据《す》えて違法行為を遣《や》られる。
二　無理な理屈《りくつ》を付けられて攻撃や侵略をされる。
因《よ》って、日本は一流先進国であるためにも、欧米なみに国防軍が欠《か》かせないのだ。
現代から未来を通じて、威力《いりょく》を発揮できる国防軍とは、
一　精鋭・極上の軍隊と、変態ではなく頭脳が明晰《めいせき》な司令官。
二　性能が抜群《ばつぐん》の最新兵器とか超精密機械（レーダーなど）。

好戦的とは異《こと》なる改憲

改憲を主張すると、好戦的《こうせん》と見做《みな》すのは、早計《そうけい》と言うか誤解《ごかい》と言うか。実際には、反対を叫ぶ人々より、寧《むし》ろ安全平和を熱望して居るのだ。

〃内外〃ともにワルが多過ぎる。

何と言っても、アウトロー国家らに就《つ》いては、十年一日《いちじつ》どころか百年一日の如《ごと》く、「考え方や言動などが〃悪《あく》〃に徹《てっ》している」という事実を、見逃《のが》す事は出来ないので肝《きも》に銘《めい》じなければならないし、対策《たいさく》を急ぐ必要があるだろう。

乃《すなわ》ち、東支那海の尖閣諸島を始め、琉球諸島や長崎県対馬まで危険《きけん》に晒《さら》されて居る現状。自国を守る戦いは勿論《もちろん》、同盟国同士の義務として行う助力（参戦）は、先進国同士の付き合いとしても、重大な要素であると言っても良い。次の言い分で、

一　戦力は使わないから持たない。

二　戦力を持たされても使えない。

（一）は、米国が日本へ押し付けた憲法のテーマであり、（二）は、朝鮮戦争の勃発《ぼっぱつ》に依《よ》る米国の方針転換《てんかん》で持たされた自衛隊は、平和憲法に基《もと》づけば使えないのが現実。

独立国として失格なり

一九五一年九月に日本は米国・サンフランシスコにて行《おこな》われた〝日米講和条約〟の締結に依り、晴れて「独立を回復した」のだ。

一流先進国の中で、「国防軍が無い」のは日本だけである。
此れでは、迚《とて》も〝一等国〟とは言えない。
敗戦後、連合国軍から「占領されて居た」日本は、欧米諸国からも「今や日本は、〝四等国〟へ成り下がった」と言われた物。

完全な主権を有するのが独立国であるので「戦力を持たず」に「他国に助けて貰《もら》う」行為から〝独立国〟は失格である許《ばか》りか、四等国より脱皮《だっぴ》して居ないのだ。

日の丸が見えないって

紛争《ふんそう》を　抑圧《よくあつ》のため　派遣《はけん》する
国連軍に　〝日の丸〟見えず

世界の国々からすれば自衛隊は一応《いちおう》軍隊に見えるのに国連軍を国連が派遣するときに日の丸が見えないと文句を言われたのだ。

自国すら守れないのは自業自得《じごうじとく》と言ってしまえば其れまでだが。

非常任理事国から常任理事国へ推選される可能性は先ず少ない。

共感者には敬意《けいい》を表《あらわ》す

「私も同感だ」と言う人が多ければ、たいへん心強い限り。
強くなければ戦争やるな！　勝てる見込みが無けりゃ×
ヤクザに刃《は》向かうヤサオトコでは、土台むり。対照・対比が際立《きわだ》つ実例は、
〔日本〕勝てる見込みが無いのに仕掛けた、大東亜（太平洋）戦争で敗北《はいぼく》。
〔英国〕勝てる見込みが有るから仕掛けた、フォークランド紛争で大勝利。
故《ゆえ》に、緊急《きんきゅう》の事態が起こる〝有事《ゆうじ》〟に対して、次の準備と心構《がま》えが肝要《かんよう》である。

一　勝てる可き〝軍隊と兵器〟を備《そな》える。
二　常に有事を見込んだ訓練を励行《れいこう》する。
三　強盗犯に対するのと同じく心構《こころがま》える。

「米国は助けて呉《く》れない」真相を、肝《きも》に銘《めい》じるのも大切と思う。

自信は〝程々《ほどほど》〟が良《よ》い

現今の日本人は、概《おおむ》ね「自信が無い」と見受けるのに対して、大東亜戦争の起こる前辺《あた》りでは、今とは逆《ぎゃく》に〝自信が有り過ぎる身の程知らず〟が大半《たいはん》を占《し》めて居たが、両方とも芳《かんば》しくないと、つくづく思う。（註）大半とは、陸軍士官学校出身の職業軍人。

過ぎたるは猶《なお》及ばざるが如《ごと》し。

昭和十六（一九四一）年十二月、戦争を決意して「ハワイ：オアフ島の〝真珠湾〟攻撃を命《めい》じた」東條英機首相の自信過多《かた》が仇《あだ》と成《な》り、二十年の八月に〝無条件降伏〟の憂《う》き目を見るという、一般の庶民《しょみん》に取っては「精神的・肉体的に未曾有《みぞう》の悲しさと苦しみを味わわされた」のが、真実の歴史である。

自信が有り過ぎる身の程知らずはダメ人間なり。自信過多が変態的だと、破滅《はめつ》と不幸をばら撒《ま》く。身の程知らずが首相に成れば国民は悲惨である。

駄目《だめ》ボスなら民は不幸

東條首相は、出身校の受験成績が上出来《じょうでき》とて、次の大失敗が許せない。

一　勝てる見込みの無い戦争を命じ民《たみ》を不幸に陥《おとしい》れた。
二　山本五十六《いそろく》海軍大将の反対には耳を貸さなかった。
三　「助言《じょげん》や反論を為《し》た」陸軍の将官達《たち》を転任させた。
四　〝織田信長〟的な独裁ぶりで側近《そっきん》達を苦しませた。
五　米軍に逮捕される直前の自刃《じじん》もしくじる体《てい》たらく。
六　武士の価値が全然無い卑劣《ひれつ》な駄目男《だめおとこ》と分析《ぶんせき》できる。
七　同期生の確実な情報によれば変質者の言動ある由《よし》。

悲惨な結果を全く考慮《こうりょ》せず、〝先見《せんけん》の明《めい》〟とは真逆《まぎゃく》にて向こう見ずに戦争を命じた。

大東亜戦争の〝疑問《ぎもん》〟

〝勝てる見込みが無い戦争〟を、「無理に遣《や》って了《しま》った」のは何故《なぜ》か？

次の疑問を持つのは、果《は》たして小生だけであろうか？

昭和天皇に東條首相は〝御伺《おうかが》い〟を為《し》たのか？　事実として「御指示《ごしじ》を仰《あお》ぐ」事が出来たのか？　天皇陛下の御許《おゆる》しを得《え》ない筈《はず》は無いのであるが。

御命令に成らなければ良かったとつくづく思う。当時〝天皇は神の御声《みこえ》〟であったので有るから。今とは違って大日本帝国の元首《げんしゅ》であられたのだ。故《ゆえ》にこそ〝返すがえすも残念《ざんねん》至極《しごく》〟でならない。

戦後、昭和天皇の〝記者会見〟で、〝原爆投下《とうか》による広島市の惨状《さんじょう》〟に就《つ》いての、御感想を求められた時に、

『戦争だから、しょうがない』

との御言葉には、大変なショックを受けた事が忘れられない。

フォークランド紛争は

南アメリカ最南端《たん》で、南大西洋に在るフォークランド諸島はイギリス領であるが、一九八二年、其の諸島中の一小島《いちこじま》をアルゼンチン人が、無断で占有的に使用して居たため、イギリスのサッチャー首相の命令で、退去《たいきょ》するよう強く抗議《こうぎ》したが拒否《きょひ》されたので、「宣戦《せんせん》を布告《ふこく》し、海軍の機動部隊と陸上部隊を出動させた」事があった。

当紛争はイギリスが勝って、現在は海軍の重要な基地と成って居る。

島根県竹島の略奪を許した日本の弱気《よわき》とは大きな違い。

盗《と》られたら取り返すという英国の気概《きがい》を学《まな》ぶ可《べ》きなり。

自信皆無《かいむ》も過多《かた》も良くなく尋常《じんじょう》に自信の有る事が最高。

「日本漁民を惨殺《ざんさつ》して竹島を強奪した」韓国の侵略行為を、当時の日本政府は全く手も足も出せなかったとは、何とも情《なさ》け無く、腹立《はらだ》たしい限《かぎ》りである。

此の世は強い者が勝つ

有史以来支那大陸では漢族が漢族同士互いに覇権《はけん》を握る為《ため》の熾烈《しれつ》な戦いを繰《く》り広げて来た。

二十世紀に中華民国と名乗るようになっても国民党政府軍と共産党八路軍とが争《あらそ》い続けた。

結果は、共産党の八路軍は国民党の政府軍を残酷に殺し捲《まく》って、政権を見苦《みぐる》しくも奪取《だっしゅ》したのだ。人《ひと》で無《な》し其の物と言えよう。

だから、彼ら人非人《にんぴにん》たちの遣《や》ること為《な》すことの総べてが悪《あく》に満《み》ちて居《お》り、図々しいというか厚かましくて、恥を知らない人種なのだと思う。

当時、中華民国の政府軍はいわゆる官軍であるが、敵対する八路軍は賊軍である。共産党は恰《あたか》も〝民の味方《みかた》〟みたいだが全く違い、

一　共産党が最優位で民を尊重しない。

二　独裁なる共産党に民は忠誠《ちゅうせい》を誓《ちか》う。

三　民の自由な思想・主張は認めない。

困った嘘吐き：蒋介石《しょうかいせき》

一九三〇～五〇年頃の中華民国の総統：蒋介石は、支那人を代表する〝嘘吐き〟であった。古来《こらい》、支那人は「嘘を吐く」のを遺伝的に罪悪と思わない習性を持つ。

其の時代は、イギリス・フランス・オランダなど世界有数の先進国が、競《きそ》うように〝租《そ》界《かい》とか植民地〟を上海・香港などの港町《みなとまち》に所有したもの。

日本も、上海に租界を持って居たが、異常なほど「白人を崇拝する」支那人というのは、同じ黄色人種の日本人をかねがね嫌って居たらしく、其の思いが募《つの》り募ってか一九三七年七月に支那軍が〝日本租界〟へ攻めて来て、支那事変が勃発《ぼっぱつ》したわけだ。

事変は、日増しに激しさを増して行き、支那軍が日本軍に追われた時、蒋介石総統の命令で、黄河を決壊《けっかい》させるという〝暴挙《ぼうきょ》〟に出たのだ。其のため、数十万の一般人が泥水《どろみず》に呑《の》まれる〝悲惨な事故〟が起きて仕舞った。

大嘘吐き：蒋介石の計算どおりに成ったのは次の如し。

一　日本軍が非道《ひどう》にも黄河の堤防《ていぼう》を切ったと喧伝《けんでん》が出来た。

二　日本軍は追撃を止《や》めて溺《おぼ》れる住民を助け堤防も直《なお》した。

仏《フランス》と米《アメリカ》は事実上負けた

アジア大陸の南東部で、太平洋とインド洋の間に突き出た姿の「半島に有る」処のインドシナは、嘗《かつ》てフランス領であったが、民族の違いから夫《そ》れぞれが独立できた。


〔カンボジア〕一九四五年、民主共和国として。

〔ラ　オ　ス〕一九五三年、立憲《りっけん》王国として。

〔ベトナム〕一九四五年、北部に共産系の民主共和国を独立。併《しか》し、共産嫌《ぎら》いのフランスが、南部に自由系の政権を立てて対抗。

一九四六年、北側が民族解放を叫び反抗、インドシナ戦争勃発。

一九五四年、ジュネーヴ協定で仏軍は国へ撤退《てったい》。

五五年、米軍が介入し南部に共和国で抵抗《ていこう》。

六〇年、北側が反対しベトナム戦争を展開《てんかい》。

七三年、米軍が撤退。

七五年、南側が敗北《はいぼく》。

七六年、南北が統合《とうごう》。共産系の社会主義共和国が誕生《たんじょう》。

〝時代おくれ〟の支那

曾《かつ》て中華民国の国民党政府軍と共産党八路軍が永らく戦ったが、政府軍は台湾へ逃げ八路軍が勝利して共産国家を形成して居る。

いにしえ（遥か遠い昔）ではあるまいし、まともならば同民族は殺し合わない物で是《これ》が先進国と後進国の大きな違いである。

民族同士でも、殺し合うほど「憎《にく》む」のだから、他民族だと〝尚更《なおさら》〟なのだろう。何《なん》とも恐ろしい人たちである。

以上が、日本人と支那人との〝最も大きな相違点〟である。

孔子を祖とし、仁《じん》（思い遣《や》り）を根本《こんぽん》とする〝政治とか道徳の考えである儒教《じゅきょう》〟を学《まな》んで来た筈《はず》の支那人が、イスラム教を学んで来た筈のイスラム国の連中と、同じワルに見えて仕舞うのは、至極当然《しごくとうぜん》と言えよう。

非法治国なら犯行三昧《ざんまい》

〔政官〕一　南支那海で人工島を幾つも造り、軍事施設等に利用する。
二　東支那海で日本の領海ぎりぎりに油田施設を幾つも造る。
三　軍人・軍艦を漁師・漁船に変装させ日本領海すれすれで行動。
四　小笠原諸島の近くで珊瑚を根こそぎ獲《と》り捲《まく》るので、絶滅《ぜつめつ》する出来事《ごと》が起きて居る。

〔公的〕一　中高層建築物が不当で危険な材料等で崩壊《ほうかい》する。
二　販売される薬品・食品で病人や死者が続出する。
(一)　不当で危険きわまる材料で造る。
(二)　大幅な期限ぎれの表示を変える。
(三)　安価な物を高価な物に偽装《ぎそう》する。

取り締まる法律が無いため、非常識な材料による食品で、毎年一万人以上が死亡する。

日本と異質過ぎる国々

日本と、支那および朝鮮とは、夫れぞれが次の点で大いに違うのである。

一　国土の形勢状態

二　民族

（一）人種

（二）言語

（三）文化

（四）性格

先《ま》ず、一の国土に就いては、

一〔日本〕

いわゆる〝島国〟であって、領土が後述の如く「多くの島々から形成され、四方が海に囲まれて居る」国である。

北海道・本州・四国・九州・北方四島・佐渡島・竹島・対馬・小笠原諸島・伊豆七島・淡路島・琉球諸島・尖閣諸島・硫黄列島および其の他の島々。

二 〈支那〉
支那は、〝大陸国家〟であって、領土が殆ど広大な平野であり、支那大陸と呼ばれて居る。

三 〈朝鮮〉
朝鮮は、〝半島国家〟であって、領土の三方が海に囲まれ、一方（北部）が大陸と繋《つな》がり、朝鮮半島と呼ばれて居る。

次に、二の民族に就いては、

一 〈日本〉
日本は、略々《ほぼ》百パーセント〝大和《やまと》民族〟であって、夫《そ》の純粋《じゅんすい》さに掛けては、世界でナンバーワンである。之は、何と言っても「島国が齎《もたら》して呉《く》れた」処の恩恵《おんけい》と言ってよい。
性格は、外国人との接触が「鎖国《さこく》時代を含め伝統的に少なかった」為、視野が狭《せま》くて目先の小事《しょうじ》に拘《こだわ》るというこせこせした島国根性《こんじょう》。
近頃は、来日外国人が頓《とみ》に増《ふ》えたのが嬉しい余り、お人好《よ》しで親切過ぎる位《くらい》。

二 〈支那〉
支那は、五千年程前に漢《かん》族が黄河上流地域から大陸北東部へ移住して以来、独自の文化を形作って来て、総人口の約九割を占《し》めて居る。
性格は、古来〝争い好《ず》きとかねへの異常な執着《しゅうちゃく》〟では、世界で「右に出る」のは見当たらない。

だから、支那の歴史は〝戦いの連続〟と言って然《しか》りだ。長編小説の『三国志演義(羅貫中の作)』が其の一端《いったん》というか片鱗《へんりん》を覗《のぞ》かせて居る。

三〔朝鮮〕

朝鮮は、曾《かつ》て半島の北西部へ、大陸の漢族が侵略して植民国家をつくった。南部には朝鮮先住の韓族が「数十国に分かれ」覇《は》を競《きそ》って居た。

いずれの国も、支那大陸の〝漢〟へ、朝貢と称して「属国の〝印《しるし》〟としての貢《みつ》ぎ物《もの》(かねや品物)を献上《けんじょう》する」事が、義務づけられたのだ。

性格は、古《いにしえ》より延《えん》々と「漢族に仕《つか》えて来た」ので、服従《ふくじゅう》には慣《な》れ切って居るけれども、〝積年《せきねん》の恨《うら》み〟を抱《いだ》く者も居るから、「其のうっぷんを晴《は》らす」為《ため》の手立《てだ》てとして、皆が次を遣《や》って仕舞うのが〝民族特有〟であろう。

一　殺す迄《まで》の争《あらそ》いが絶《た》えない。

二　かねへの異常な執着《しゅうちゃく》を持つ。

三　物事を全《すべ》て悪く解釈《かいしゃく》する。

悪い奴は世にのさばる

便宜《べんぎ》上、外国に住んで商《あきな》いを為《す》る支那人を、古来《こらい》〝華僑《かきょう》〟と呼び、彼らは世界的に商売じょうずと言われて居る。

亦《また》、彼らは〝生来《せいらい》の根性《こんじょう》〟から、大《だい》それた行《おこな》いに関しては、常に「活気《かっき》づく」のが呆《あき》れるほど。古今《ここん》を通《つう》じて、支那が悪行《あくぎょう》に徹《てっ》して来たのが理解できる。

其れで、支那が「世界へ貢献《こうけん》した」との情報なぞ、今まで唯《ただ》の一度すら、見聞《けんぶん》したことは無い。

支那は、大昔から脈々《みゃくみゃく》と「ワルを貫《つらぬ》いて来た」からこそ、アジアに君臨して居ると言えるのだ。

現今も、南支那海ではずうずうしくも堂々と、人工島を幾つも造成し続けて居るという悪事を遣《や》らかすあくどさ。

世界の至る処《ところ》に、居住とか出張や旅行などを為《す》る人種は、支那人が世界一であると言ってよい。彼らが雑草の様《よう》に「あらゆる所へはびこり、のさばる」上に臆面《おくめん》も無く悪さを発揮《はっき》するのは、全く以《もっ》て迷惑至極《めいわくしごく》である。

一度負けても怯《ひる》むな！

主要先進国のうち、戦争に負けた回数を調べれば、

一　日　本　は、一回
二　ドイツ　は、二回
三　フランスは、数回

であるが、〝負け犬〟然の無抵抗状態を、「七十年以上が経《た》った」今でも続けて居るのは、日本だけである。此れは、何とも情《なさ》けないではないか。

野良犬《のらいぬ》の群《む》れを観察すると、一度〝噛《か》み合い〟に負けた犬というのはボス如《ごと》き犬へ腹《はら》を見せてひっくり返る物。

以後は絶対に逆らわず従う。

其処までは「仕方が無い」としたって、他《ほか》のやくざ犬たちにも無抵抗なのは「みっともない」と小生は腹が立つ。

第五章　日本の良さを見直そう

日本人の〝すてきな性格〟

先《ま》ず、幼少時からの長年に亘《わた》って小生が観察して来た処《ところ》、大和民族というか日本人の〝民族性〟に就《つ》いては、**外国人とは大分《だいぶ》異《こと》なる**ことに気付いた。勿論《もちろん》、変質者と反社会的であるやくざを除くけれども。

其の〝誇れる特異面〟は、

一　万人《ばんにん》に対して迚《とて》も優《やさ》しい。
二　謝《あやま》れば許すという寛大《かんだい》さ。
三　思い遣《や》りの気持ちが強い。
四　迷惑《めいわく》を掛けぬよう努《つと》める。
五　不道徳とか非常識を嫌《きら》う。
六　おもてなしの真心《まごころ》が有る。
七　世間《せけん》の役に立つ事を望む。
八　よりよい日常道具を作る。

不朽《ふきゅう》の名作が目白《めじろ》押し

主要先進国の内で、日本は抜群だ。夫れは、西暦の七百年代より平城京（奈良）に天皇を擁立《ようりつ》した政権を置く〝天平《てんぴょう》時代〟が在った。また、他に類《るい》を見ない〝文学〟が起《お》こり、隆盛《りゅうせい》を極《きわ》め続けて平安時代以後の現在に至る迄も、永久不滅《ふめつ》の多年草の如《ごと》く〝美しい花〟を咲かせている。

西暦八百年乃至一千年代へ掛けての名作を挙《あ》げれば次のとおり。

一　歴史：古事記・日本書紀・風土記

二　随筆《ずいひつ》：枕草子《まくらのそうし》・徒然草《つれづれぐさ》

三　歌集：万葉集・古今《こきん》和歌集・後撰《ごせん》和歌集・拾遺《しゅうい》和歌集・後《ご》拾遺和歌集・千載《せんざい》和歌集・新古今和歌集・新続古今和歌集

四　物語：竹取物語・伊勢物語・大和物語・宇津保物語・源氏物語・栄花《えいが》物語・堤《つつみ》中納言物語・宇治拾遺《うじしゅうい》物語・保元《ほうげん》物語・平治《へいじ》物語・平家物語・曾我《そが》物語

五　日記：土佐日記・蜻蛉《かげろう》日記・紫式部日記・更級《さらしな》日記・讃岐典侍《さぬきのすけ》日記

独特な日本画は美しい

かねがね、日本画の優美さには「感動して仕舞う」のだが、其の〝芸術性の味わいぶかさと豊かさ〟は、日本独特の素晴らしさであり、世界のあらゆる絵画には比《くら》べる物が無い位《くらい》の〝完成度の高さ〟と思う。

桃山時代に流行した浮世絵《うきよえ》は、江戸時代に錦絵《にしきえ》（多色刷木版画《たしょくずりもくはん》）として発達した。オランダ生まれでフランスでも活動した〝後期印象派の画家〟であるゴッホは、晩年に日本の錦絵を見て感動し、彼の画風《がふう》が大いなる影響を受けたのは有名な話だ。

当該《とうがい》の〝日本人作者（画家）〟は、

一　鈴木春信
二　安藤広重
三　葛飾北斎
四　鳥居清長
五　喜多川歌麿
六　歌川豊国

伝統工芸の素晴《すば》らしさ

遥《はる》かいにしえの高い文化が、全世界で比《くら》べる物が無いのは、日本人の誇《ほこ》りである。

古来《こらい》、独自性の豊かな考えで、素適《すてき》な物を作り出すのが、日本人は得意《とくい》であった。

つまり、創意・工夫更に趣向《しゅこう》を凝《こ》らして、興味を盛《も》り上げる思い付きや型などが、実に斬新《ざんしん》なのが、日本人の〝特長の賜物《たまもの》〟と考えるのだ。

今迄に、日本人が創作して来た〝誇《ほこ》れる物〟は、総べて「切れ味などの使い心地が良くて楽しく成り、長持ちも為《す》る美しい品じなである」し、彫像とか建造物なども、文化財として重要である。其の「世界一と言える」代表的な物は、

一　和紙《わし》
二　和庖丁《わぼうちょう》
三　刃物《はもの》（新潟三条・岐阜関など）
四　日本刀《とう》（備前物…平安時代から）
五　裁《た》ち鋏《ばさみ》
六　南部（盛岡）鉄器《てっき》…鉄瓶《びん》など。
七　木刀《ぼくとう》（宮崎）

八　漆《しっ》器（輪島《わじま》塗り・会津塗りなど）
九　俎板《まないた》（宮崎）
十　下駄《げた》（大分の杉げた）
十一　銘木《めいぼく》家具（広島）
十二　木工品《もっこうひん》（埼玉）
十三　樺細工《かばざいく》（秋田）
十四　陶器《とうき》（滋賀《しが》信楽《しがらき》・三重伊賀・栃木益子《ましこ》・岡山備前・山口萩など）
十五　磁器《じき》（京都清水《きよみず》・石川九谷《くたに》・佐賀有田・福島会津など）
十六　江戸切り子《こ》硝子《がらす》（東京）
十七　豚毛《ぶたげ》を使った刷毛《はけ》
十八　狸《たぬき》毛を使った毛筆
十九　毛皮細工《けがわざいく》（兵庫姫）
廿　鞣《なめ》し革《がわ》細工（広島）
廿一　べっ甲《こう》製品（長崎）
廿二　真珠《しんじゅ》製品（三重伊勢）
廿三　ネックレス（山梨）
廿四　風鈴《ふうりん》（大阪河内）
廿五　蠟燭《ろうそく》（福島会津）

廿六　紋織物《もんおりもの》（京都西陣）
廿七　絹織物《きぬおりもの》（秋田の黄八丈）
廿八　染《そ》め物《もの》（藍《あい》ぞめ・友禅《ゆうぜん》ぞめ）
廿九　飾《かざ》り人形《にんぎょう》（雛《ひな》人形・日本人形など）
卅　からくり人形（芝居・山車《だし》など）
卅一　操《あやつ》り人形《にんぎょう》（浄瑠璃人形）
卅二　千手《せんしゅ》観音像（京都など）
卅三　大仏像《だいぶつぞう》（奈良・鎌倉など）
卅四　光堂《ひかりどう》（平泉中尊寺の金色堂が有名）
卅五　鳳凰堂《ほうおうどう》（宇治平等院）
卅六　清水寺《きよみずでら》の舞台（京都）
卅七　五重《ごじゅう》の塔《とう》
卅八　日本の城《しろ》（白鷺城など）

日本の象徴《しょうちょう》は富士と桜

葛飾北斎《かつしかほくさい》が、『富嶽《ふがく》三十六景』に続いて百景を描《えが》いたのは、彼が「富士山を愛していた」

ことを偲《しの》ばせる事実である。

いつ見ても　何処《どこ》から見ても　麗《うるわ》しき
富士の高根《たかね》に　こころ満《み》たされ

日本人は、大《だい》なり小《しょう》なり富士山が好きである。同じく、大好きな〝桜の花〟の右に出るのは、日本一、いや世界一の富士山しかないのでは。

名山こそ〝裏〟が在り　表より更に美しきもの。

名山《めいざん》で、〝会津富士〟と称する標高一八一九mの活火山：磐梯山は、福島県北部で猪苗代湖の北に在り、五色沼や檜原湖など大小百余の池を持つ処の〝裏磐梯湖沼群《こしょうぐん》〟の南に位置するため、磐梯山の裏は、北側と成ることが判る。

富士山は南向きが表《おもて》だ

七〇〇年代：天平《てんぴょう》時代、大伴家持の編集に依る日本最古の歌集『万葉集』にも収録された山部赤人の作である次の和歌は、静岡の田子の浦で詠《よ》んだもの。

田子の浦《うら》ゆ　打ち出《い》でて見れば　白妙《しろたえ》の
富士の高根に　雪は降りける

偶々《たまたま》南向きであったが、北向きであっても詠《よ》んだに相違ないと思う。
江戸後期の浮世絵師《うきよえし》：葛飾《かつしか》北斎の『富嶽三十六景』は力作で、『凱風快晴（通称は赤富士）』及び『神奈川沖浪裏』は有名。傑作《けっさく》中の傑作であろう。
表《おもて》より更に裏《うら》のが良き程の　断《だん》トツなりし〝富士山〟は世界一なる〝名山《めいざん》〟なりや。
東京には、昔から〝富士見〟と言う町名が在るが、「富士山が見える」ので付けたと伝えられて居る。其れが、幾つも在るから、如何《いか》に「富士山が大好きで、此の町内からも見る事が出来るのを誇りに思って居た」のが判《わか》って喜ばしい限りだ。

〝桜の花〟は心の古里《ふるさと》

代表的な落葉樹《らくようじゅ》で、日本の国花《こっか》である〝桜〟は、花の中でもぴか一だ。
桜の花は、心の古里ではないだろうか。花に会えば、心の安らぎを得られるのだ。

夫れから、此の木の総《す》べてが四季を通じて人びとを楽しませて呉れる。
一　ちらほら咲き始めの風情《ふぜい》。
二　満開時の〝絢爛豪華《けんらん》〟さ。
三　観賞に応《こた》えて呉《く》れる夜桜《よざくら》。
四　花吹雪《ふぶき》とか花筏《いかだ》の優美さ。
五　花が散り若葉の出た葉桜《はざくら》。
六　落葉季《らくようき》も芽《め》を宿《やど》す健気《けなげ》さ。
然《しか》るに、唯《ただ》ただ憤慨《ふんがい》して居るのは、
一　変質者が公園に在る桜の枝を切り捲《まく》る。
二　花見客が蕾《つぼみ》も有る枝を折って持ち帰る。
三　並木通《どお》りの整備から桜を全《すべ》て取り除《のぞ》く。

美しい駅舎が誇らしや

東京駅は、戦前から宮城《きゅうじょう》「皇居《こうきょ》の旧称で一八八八（明治二十一）年、江戸城西の丸に天皇のお住居《すまい》を新築」側《がわ》の丸の内口《うちぐち》が表であり、八重洲口が裏である。

戦災で焼けた丸の内口の駅舎《しゃ》が、改装されて戦前の美しく素適な姿に戻ったのは、たいへん嬉しくて時々うっとりと眺めて仕舞う。

地方から東京へ行くのを〝上《のぼ》り〟と言い、東京から地方へ行くのを〝下《くだ》り〟と呼ぶ。

日本の首都である東京が、全国の中心と成っているのは、論をまたない。

富士山は世界一の名山《めいざん》。

江戸時代、八百八町《はっぴゃくやちょう》の人たちが、念願《ねんがん》であった〝お伊勢参《いせまい》り〟へ出掛けて、東海道の静岡から眺めた、南向きの富士山が〝表〟である。

世界では表も裏も美しいのは富士山のみ。

盆踊《ぼんおど》りも祭《まつ》りも楽しい

室町《むろまち》末期から民衆娯楽《ごらく》として発達した盆踊りは、盂蘭盆《うらぼん》の七月十三日から十六日に掛けて、精霊《しょうりょう》を迎え慰める為に〝音頭《おんど》や歌謡《かよう》に合わせて踊る物〟で、円舞と行進との二種が在る。徳島〝阿波の盆踊り〟は、行進式で著名《ちょめい》だ。

祭りは、祈る儀式や其れに伴う賑やかな行事が、全国各地の伝統を守る遣り方で、盛大《せいだい》に行われて来たもの。

一　東北三大祭り。
（一）仙台の七夕《たなばた》まつり。
（二）青森のねぶた祭り。
（三）秋田の竿灯《かんとう》まつり。
二　江戸（東京）の二大祭り。
（一）日吉山王権現《さんのうごんげん》の祭り。
（二）神田明神《みょうじん》の祭り、担《かつ》ぐ神輿《みこし》のぶつけ合いが江戸っ子の気性《きしょう》を表現して居て見応《みごた》えが有る。
三　京都の祭り。
（一）葵《あおい》まつり：下鴨神社および上賀茂神社（五月十五日）
（二）祇園《ぎおん》祭り：八坂神社（七月十七～二十四日）

それから、起源《きげん》は盆の送り火と言われる〝大文字の火〟が著名なり。毎年八月十六日の夜、京都如意ヶ岳の西峰中腹で、大の字形《がた》に焚《た》く篝火《かがりび》であるが、同時刻に衣笠山で焚く〝左大文字〟のほか、京都市周辺の山々でも焚《た》かれる物。

次には、江戸時代以前から存続して居る〝歌舞伎〟劇と言える。

三番目に登場するのは、江戸時代では年に十日しか興行しなかったと言われて居る処《ところ》の〝大相撲興行〟を推薦《すいせん》し度い。

一年を十日で暮らすいい男

と羨《うらや》まれたというのだが。

夫れと並んで、川の水神《すいじん》を祭り水難防止を願い、夕涼《すず》み（川遊び）の開始を祝う花火を打ち上げるのが川開《びら》きだ。

現今は、〝両国の花火大会〟として、毎年七月二十日《はつか》頃に隅田川の二か所へ浮かべた舟から、花火を打ち上げて中々の盛況だ。

「風流《ふうりゅう》を好《この》む」日本人

醜《みにく》い事や情実《じょうじつ》の方が目立っている〝煩《わずら》わしい俗世間《ぞくせけん》〟をひととき離れて、

一　趣味の道：茶の湯を楽しむ。
二　名月《めいげつ》や桜の花・紅葉《もみぢ》らの美《び》を愛《め》でる。
三　詩歌《しいか》（和歌や俳句など）を詠《よ》む。

ことを、古来〝風流〟と称《しょう》した。

これは、日本人独特のおこないであろう。

この〝名月〟は、陰暦《いんれき》八月十五日と九月十三日の夜に於《お》ける夫《そ》れ。

大和歌《やまとうた》とも呼ばれた和歌は、上代《じょうだい》から現代まで、延々《えんえん》と親《した》しまれて来た。

世《よ》の中《なか》に　絶《た》えて桜の　無かりせば
春の心《こころ》は　のどけからまし　（在原業平《ありはらのなりひら》）

夕《ゆう》されば　小倉《おぐら》の山に　鳴く鹿《しか》は
今宵《こよい》は鳴かず　寝《い》ねにけらしも　（舒明《じょめい》天皇）

心《こころ》に邪悪《じゃあく》が満《み》ちていたならば、和歌を詠《よ》むことも出来ないと信じて已《や》まない。

名月《めいげつ》を観賞する日本人

満月《まんげつ》を見て、（美しい）とは思っても、日本人ほど「感動する」民族は世界に無いと思う。然《そ》うして、日本人は次の事を「おこなう」例《れい》が多い。

月見の宴を催《もよお》し、和歌や俳句を詠《よ》む。

小生は、〝三日月《みかづき》〟も（素適《すてき》！）と、時《とき》どき眺めて仕舞《しま》うのだが、

一　☽の様《よう》な形は、ゆうがた西の方角《ほうがく》に見られる。

二　☾の様《よう》な形は、あけがた東の方角《ほうがく》に見られる。

数多《あまた》ある和歌の中から、三首《さんしゅ》を挙《あ》げると、

わたつみの　豊旗雲《とよはたぐも》に　入日《いりひ》見し
今夜《こよい》の月は　さやに照りこそ
（天智《てんぢ》天皇）

天《あま》の原　ふりさけ見れば　春日《かすが》なる
三笠《みかさ》の山に　出《い》でし月かも
（阿倍仲麻呂《あべのなかまろ》）

ひむがしの　野に炎《かぎろひ》の　立つ見えて
かえり見すれば　月傾《かたむ》きぬ
（柿本人麻呂《かきのもとのひとまろ》）

好日《こうにち》外国人は増《ふ》え続く

ビジネスや観光で訪日《ほうにち》した外国人は、東洋一の〝精神文化の高さ〟に先《ま》ず偉《えら》く驚くらしい。日本ファンが増《ふ》える一方であると。

夫《そ》れ故《ゆえ》、以前から日本が好きであった人達は、「**尚《なお》一層好きに成った**」

来日《らいにち》前は日本が嫌いであった人達は、「**好きに成って了《しま》った**」

一　日本人と日本社会は素晴らしい。

二　人伝《ひとづて》よりも来日《らいにち》したら更に良い。

三　心の籠《こも》ったおもてなしが極《ごく》自然。

四　道徳的で良識が有り教養が高い。

五　一般人はおおむね嘘《うそ》を吐《つ》かない。

六　勤勉・実直な姿に惚《ほ》れぼれした。

七　人種を始め万事《ばんじ》に差別を為《し》ない。

著者プロフィール

多賀　文男（たが ふみお）

本名は和田善彦。
1932年1月東京都港区芝生まれ。
少年時は、新宿区四谷に住んだが、空襲から横浜市戸塚区へ疎開した。
高千穂大学商学部を卒業し、日本電信電話公社（東京）へ入社した。
執筆は若年時から趣味で続けたが、今度本格化して出版に踏み切った。

著者（35歳当時）

世界の歴史は繰り返す　あなたの知らない事は多い

2018年10月15日　初版第1刷発行

著　者　多賀 文男
発行者　瓜谷 綱延
発行所　株式会社文芸社
〒160-0022　東京都新宿区新宿1－10－1
電話　03-5369-3060（代表）
03-5369-2299（販売）

印　刷　株式会社文芸社
製本所　株式会社本村

ISBN978-4-286-19852-1